新交通立国論

バスが日本の未来を明るくする

日本バス協会 会長
清水 一郎

日本のバス
120年

時評社
JIHYO BOOKS

目次

※各コラムに記載されているQRコードはそれぞれの協会のHPのURLです。

はじめに

本書は、１９０３（明治36）年に日本で初めてのバスが京都の地を走って以来、今年で１２０年となることを記念して、執筆するものです。

バス事業は、もともと厳しい状況の中、２０２０（令和２）年からの新型コロナウイルス感染症によって、戦後最大の危機を迎えました。人流抑制の下で人の動きが止まり、直近2年間の全国の路線バスの赤字は約４０００億円にもなりました。また、貸切バスについても、団体旅行そのものが止まってしまい、壊滅的な打撃を受けるなど、バス業界はコロナ禍で本当に追い込まれたのです。

３年間のコロナ禍を経て、公共交通とは何なのかを考えさせられました。例えば、子育て施策の推進と言っても、バスが無くなってしまえば通学もできなくなります。バスへの期待がある以上、ピンチをチャンスとして捉えて、危機を乗り越えていかなければなりません。

バス事業の原点は何と言っても安全・安心。われわれの最大の使命は安全です。世の中の皆さまから信頼されるバスであることを常に目指していきたい。その上で、新たなサービス改善を図っていきたいと思います。

デジタル化、キャッシュレス化、ＥＶバス、自動運転など技術革新も急速に進んでいます。バスの改革を進め、崖っぷちからの脱却を目指してまいります。

バス事業の将来に向けて、皆さまの応援をお願い申し上げます。

令和5年9月　日本のバス120年の年に

日本バス協会会長　　清水一郎

特別対談

バスが日本の未来を明るくする

㈱音楽館代表取締役社長
向谷　実氏

日本バス協会会長
清水　一郎氏

むかいや　みのる
1956年10月生まれ、東京都世田谷区出身。1979年ジャズフュージョンバンド「カシオペア」のキーボード奏者としてデビュー。1985年株式会社音楽館を設立。1995年世界初の実写版鉄道シミュレーションゲーム「Train Simulator」を開発。現在は音楽活動と並行して鉄道乗務員用シミュレーターの開発・製作、駅ホームドアの開発などを行う。https://www.ongakukan.co.jp

向谷実氏は、世界的に有名なフュージョンバンド『カシオペア』の元キーボーディストであり、また、鉄道シミュレーターの開発や発車メロディーの作曲など公共交通全般に造詣が深い。今回は、日本のバス120年の記念特別対談として、自らも発車メロディーの作曲やピアノ演奏を手掛ける清水一郎氏と、バスへの思いと未来へ向けた提言について語り合ってもらった。

音楽を聴いたら乗りたくなるように

清水　向谷さん、2022年度交通文化賞受賞、おめでとうございます。

向谷　ありがとうございます。

清水　私は中学生から高校生の頃、1980年代「カシオペア」全盛期の頃から向谷実さんの大ファンでして、シンセサイザーを買って作曲したのも、向谷さんから大きく影響を受けております。本日、このように対談させていただけることを大変うれしく思います。

向谷　私たちも当時、歌の無いバンド、インストゥルメンタルのみで音楽の市場を確立できたことは、非常に珍しかったと思います。自

しみず　いちろう
1967年11月生まれ、愛媛県松山市出身。東京大学法学部卒業。英ケンブリッジ大学大学院修了。1990年運輸省（現国土交通省）入省後、在英日本大使館参事官、観光庁観光戦略課長などを経て退官。2014年伊予鉄道（現伊予鉄グループ）副社長。2015年から代表取締役社長。2021年日本バス協会会長。

分でさまざまな音を作れるシンセサイザーの発展につながった面もあるでしょう。

清水　私も伊予鉄の発車メロディーを作曲しましたが、発車メロディーを作る時にどのようなことを大切にされていますか。

向谷　これから鉄道に乗る方は基本的に目的地への移動の途中、それ故、発車メロディーが終了をイメージする旋律ですと乗客の行動様態にそぐわない、音楽を聴いたら自然に乗りたくなるような曲調が望ましいのです。従って私が作った発車メロディーはほぼ１００％、終止を明確にせず軽やかに乗れるように作っています。首都圏を走る東京メトロ東西線では、住宅地とオフィスエリアでテイストを変え、始発から終点まで通すと一つの曲になる、という構成を取っています。

清水　向谷さんの発車メロディーはいつも聞いていまして、耳コピしてピアノで弾いています。私が作った発車メロディーのタイトルは『リズム』。リズム良く街へ出かけよう、となるように作りました。

バスは公共交通の〝最後の砦〟

清水　バスについてお話を伺いたいと思います。向谷さんはバスに対してはどのような思い出がありますか。

向谷　私は鉄道も好きですが、実は幼少時から相当な〝バスっ子〟でした。東京世田谷区の二子玉川園（現在は二子玉川）に住んでいて、バスを生活路線として使っていました。バスを見ただけで、このバスは何年式、このバスのエアサスペンションは良い、と徹底的に調べたものです。運行本数が多かったため、一本見送って次のお気に入りのバスに乗るほどこだわりがありました。

清水　それは驚きました。向谷さんはバスファンだったのですね。

向谷　バスに乗り込むと、運転手さんのミラー確認の仕草が実にカッコ良くて。しかも乗車が終わらないと発車しない、その安全確保の姿勢が子ども心に大変好きでした。

清水　バスは、新型コロナウイルス感染症の3年間、本当に苦しみました。これから、公共交通をいかに維持していくかが大きな課題です。

向谷　かつての路面電車の多くがバスに置き換わり、廃止となる路線がバスに転換される地域が数多くあります。そういう意味で、バスは公共交通の〝最後の砦〟だと思います。通院される方などにとってはまさにバスが生命線ですから、バスが存在することで地域の生活は保たれていると言えるでしょう。ユニバーサルデザインや環境意識の高まりなど、社会の要請に応じてバスは進化してきました。さらにデジタル化による利便性も向上しています。アプリを使えば、どのバスが何分後に到着するか、容易に分かるようになりました。ぜひ、最後の砦であるバスを守っていってほしい。そのためには、皆さん、バスにもっと乗ってもらいたいと思います。

清水　まさにバスは公共交通の〝最後の砦〟。バスにもっと乗ってもらいたいと思います。

バスは人に〝寄り添う〟存在

清水　カーボンニュートラルの観点から、今後はEVバスが急速に普及していくものと思われます。向谷さんはEVバスに乗られたことはありますか。

向谷　はい、あります。モーター音がスムーズで、運転台の電子パネルなど通常の仕様と異なっていて、EVならではの楽しみが多々あります。今後の進化に期待しています。

清水　伊予鉄もEVバスを導入していますが、音が静かで、電車のような乗り心地だとお客さまにも好評です。2030年までに、EVバスを全国で1万台まで増やしていくことを目指しています。

向谷　バスの進化という点では、低床型バスが既に一般化したのをはじめ、乗降口の方へ微妙に傾斜させたり車体を上下に調整して乗り降りをサポートするなど、鉄道ではあり得ません。バスが車体を傾け乗客の乗り降りを助けているところを見るたびに、バスは人に寄り添っているなあ、と実感します。

清水　なるほど、寄り添うというのは、確かにバスならではです。バスは車両そのものが乗り降りのサポートをしていますから。

若い世代が乗りたくなるバスを

清水　現在の人口減少時代、バスは乗客の減少が著しく、経営的に厳しい路線も少なくありません。より多くのお客さまに乗っていただくため、ヒントをいただけませんか。

向谷　やはり、車に比べてバスの方がより良い、メリットがある、と実感できる点をつくるべきです。高齢者の運転による事故が多発する中、積極的に免許を返納していただくためにも、バスの利用と免許返納は、地域においてリンクした取り組みにしていくことが大事です。また、企画をどんどん立てて、自治体や地元企業が地域の公民館などで行うイベントとコラボする、つまりイベントに行くには臨時バスを使うのが最善という機会をより多く創出するのも一案ではないでしょうか。地元住民だけの利用にとどまらず外部からの乗客を呼ぶ仕組みを確立できれば、バス会社の経営をサポートすることにつながります。

清水　新型コロナウイルス感染症も5類に移行し、観光に出かけようという機運が高まっていますので、イベントとバスのコラボという案は一つの契機になりますね。

特に、学生など若い世代にもっとバスに乗ってもらう方法など、アイデアはいかがですか。

向谷　若者はバスに興味があるはずです。トレンドスポット的なバスを走らせるなど、バス自体がさまざまなインフォメーションを搭載して、サイネージの機能を有し乗車しながらトレンドの発信を可能とする、あるいはスマートフォンのアプリと連動させて乗車ポイントが貯められるようにする。柔軟に遊び心のあるアイデアから出発してよいと思います。

清水　若者の関心を高めるには、スマートフォンをツールとして情報と連携させるべきですね。

向谷　発信力の強いユーチューバーやインフルエンサーの方々が数多くおり、その人々がバスに関心を持つことで一気に広がります。イベントや情報とセットにすることで、われわれが思っている以上にバスへの興味が高まるかもしれません。

清水　エンターテインメント性のあるバスも面白いと思います。

キャッシュレス化を早期に実現を

清水　バスは小銭など現金を扱いますが、これによる負担が大きい。運賃箱のコストもそうですし、新札発行の度に改造など対応しなければいけない。運転手にも負担になっていますし、営業所で集めた小銭を両替するにも銀行に入金するにも、コストの掛かる時代です。

諸外国を見ても、ロンドンではバスに乗るにはＩＣカードかスマホのみで、現金ではバスに乗れません。海外では急速にキャッシュレスの方向へ進んでいます。２０２５年の大阪・関西万博では、会場もキャッシュレスになるようですし、公共交通においてもキャッシュレスにすべきではと思います。

向谷　社会全体でキャッシュレスを進めることが望ましいところです。事業者サイドは数％の手数料を取られるので、特に地方の交通機関にキャッシュレスを普及するには手数料を下げてもらうことも大事でしょう。私個人の想定では、キャッシュレスの方が多角的な意味でプラスになるとは思います。地域全体で交通も含めたキャッシュレス化を進め、社会通念の醸成を図るべきではないでしょうか。もちろん、全員がスマートフォンを所持しているわけではないので、そうした方に対して代替手段を工夫していく必要があります。

清水　バス事業者としては、負担減のためにも、キャッシュレス化は急務です。交通機関のキャッシュレス化は、目標年次を決めて、国を挙げて早期に進めていくべき課題と思います。

向谷　現金支払いはバスには使えません、その代わり現金でプリペイドカードを買ってください、などはあり得るのでは。公共交通の完全キャッシュレス化は、大きな流れになると思います。

公共交通を優先する発想を

清水　バスについて、あるべき姿への変革などのご提言はいかがでしょう。

向谷　米国では通学のバスの送り迎えはごく一般的な光景ですが、停車しているときは、後続の車はバスを追い越してはいけないことになっています。追い越したら即、罰金です。公共交通を優先させる考え方です。

清水　公共交通をもっと優先する社会であるべきですし、もっと制度的に徹底すべきですね。路面電車も走行中に追い抜きや割込みが頻繁にあり危険です。バスも同様です。急ブレーキを余儀なくされると、車内事故のリスクなど乗客への影響が大きい。

向谷　海外では、公共交通への妨害や危険行為に対しては厳格な面があります。この点はマナーの

演奏の動画

発車メロディーをピアノ連弾

悪いドライバーを取り締まる際にも、もっと重点を置いてほしいところです。バスのドライブレコーダー情報を元に、警察と連携して悪質行為に対して取り締まりの対象にするといった方策も効果的だと思います。公共交通と警察の連携は大いに検討されるべきです。

バスが日本の未来を明るくする

清水　日本のバスは120年を迎えます。今後、バスが200年、300年と続いていくためには、どういう点がポイントだと考えられるでしょうか。例えば〝空飛ぶバス〟などは、実現していますかね。

向谷　空飛ぶバスは、実現しているでしょう。〝空中バス停〟をどこに作るか、考えどころです。音楽も同じで、楽器は年々進化しているのに、最終的には昔ながらのピアノに戻る。ピアノは、楽器の方から演奏をサポートしないので人間がしっかり弾きこなさなければ音楽にならない。交通も、どんなに短時間で移動できる手段ができても、人間に目的地まで乗って揺られていきたいというアナログな意識が残る限り、バスを含めた交

通網も人とともに存続していくのではないでしょうか。ただ、分野を問わず、少子高齢化の問題を真剣に考えていく必要があります。

清水　バスの自動運転についてはいかがお考えですか。

向谷　自動運転バスが広く一般化することで、バスが迎えに来て目的地まで自動で運んでくれるのが日常的な光景になるのでは。自動運転においても安全性の追求はぜひお願いいたします。

清水　バス事業者の最大の使命は安全の確保です。安全を担保するためにこそ、デジタルも含めた先端技術を最大限に活用したいと考えています。最後に〝バスが日本の未来を明るくする〟というテーマで、メッセージをいただけますか。

向谷　走る姿がその街で絵になるようなバスであってほしいですね。バスがあるからこそ、私たちは暮らしていけると実感できるように。都会であろうと地方であろうと、日本の原風景と聞いて、多くの人が思い浮かべる情景に必ずバスがある、遠い未来までそういう存在になることを願っています。

清水　向谷さん、本日はありがとうございました。

第1章　バスの始まりから現代まで

第1章　バスの始まりから現代まで

（1）乗合バスの始まり

1903（明治36）年9月20日、京都の堀川中立売〜七条駅、堀川中立売〜祇園間で、二井商会による乗合自動車の運行が始まりました。現在では「バスの日」として親しまれているこの日が、日本のバス事業の始まりと言われています。明治時代はライバルの乗合馬車屋からの妨害や車両の故障が相次ぎ、本格的な営業の継続が難しかったという話もあります。大正時代に入ると、自動車の信頼性も高まり、全国的にバス事業の揺籃《ようらん》期となりました。その頃は、多くが数人乗りの小さな乗用車を使っていたそうです。東京では、1923（大正12）年に起こった関東大震災により路面電車が大きな被害を受け、この応急措置として800台余りのバスを導入し、運行を開始しました。

大正時代に全国で興隆したバス事業は、昭和に入ってもその勢いを増していきました。やがて事業者同士が合併や統合を繰り返しながら、地域の主要な交通手段としてさらに発展していくのです。昭和初期になると、京都の四条大宮〜西大路四条間でトロリーバスの運行を開始しました。また、信頼性の高い輸入車に代わり、昭和10年代には国産車も民間事業者に採用されるようになりました。

日中戦争の勃発以降、バス事業は苦難の時代へと突入していきます。燃料事情の悪化とともに、木炭や薪などの代用燃料車への転換を余儀なくされ、太平洋戦争を経て1949（昭和24）年頃までは、燃料の確保が業界の最重要課題となっていました。終戦後は、燃料と部品・用品が枯渇する中、戦地からの引揚者で乗客は増加する一方となり、軍用車両の払い下げを活用してバス事業を行っていました。東京では、アメリカの進駐軍から軍用トラックが払い下げられ、これを事業用のバスとして改造し、輸送力を確保するためにそのエンジンのパワーを利用して老朽車をけん引していたという例もあったのです。

1903（明治 36）年、京都の二井商会が運行した日本初の乗合自動車　（出典：福井家（創業家の一つ）所蔵の資料より）

（2）バス黄金時代へ

戦後の輸送需要拡大を迎えて、バス業界は国産ディーゼルバスの普及とその大型化が進んでいきました。１９５１（昭和26）年には、大阪市で日本初のワンマンカーが登場しました。昭和30年代に入るとバス事業はますます拡大し、地方都市の駅にも必ずバスがあるという黄金時代を迎えます。オリンピックの開催など、社会背景もバス事業も大いに活況に沸いた時代でした。旺盛なバス需要によって、バスターミナルも構築され、都市間長距離輸送にもバスが進出することとなりました。貸切バスの伸張も著しく、外国人向けの専用貸切バスにも人気が集まり、輸送人員では１９５０（昭和25）年からの10年間で10倍を超える成長を遂げています。

高度経済成長期においては、日本の高速道路網の整備が推進されました。１９６３（昭和38）年には

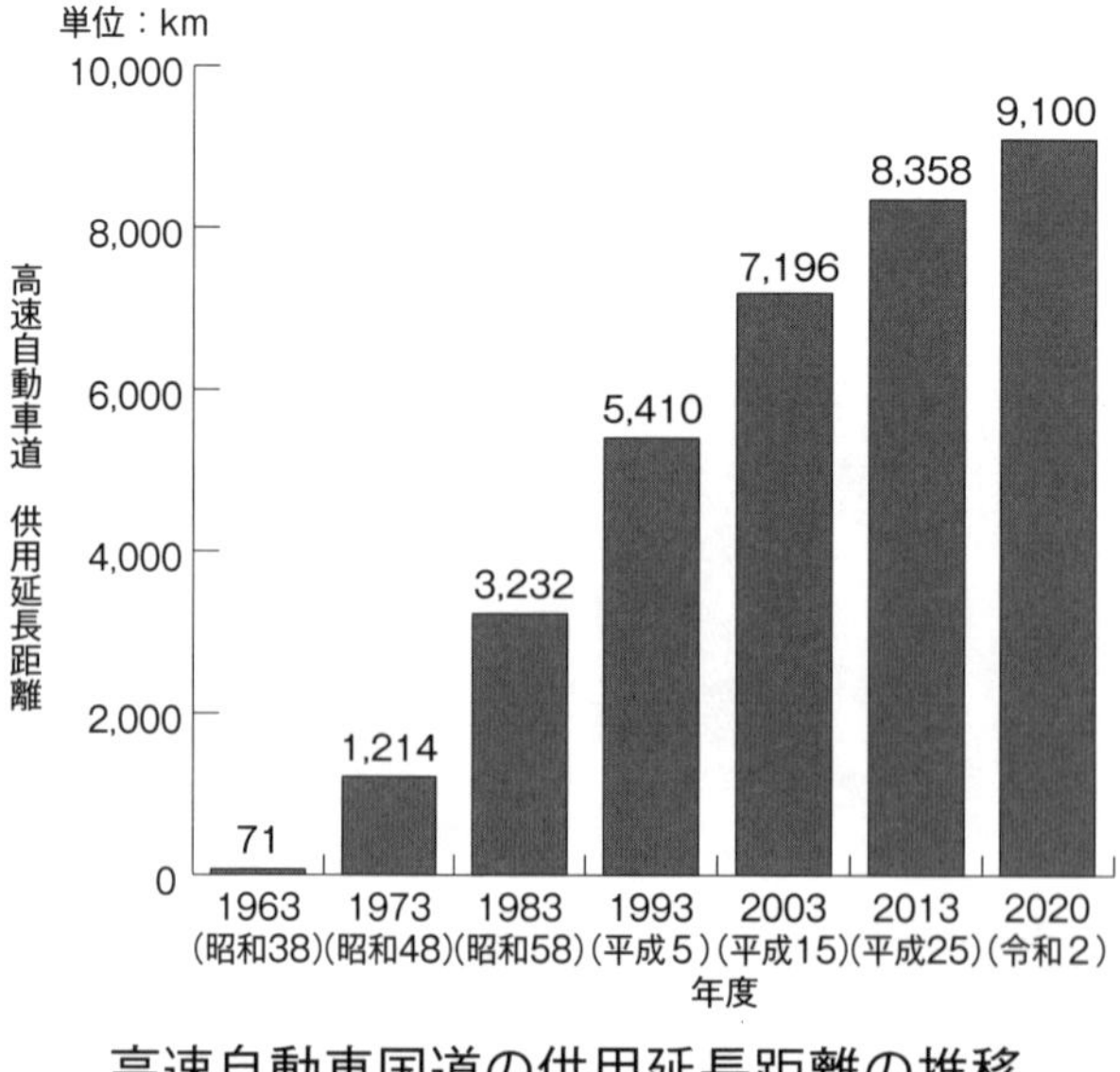

高速自動車国道の供用延長距離の推移
（出典：国土交通省道路統計年報2022の数値をもとに日本バス協会作成）

名古屋と神戸を結ぶ名神高速道路が全線開通し、西日本の産業地帯と東京をつなぐ重要なルートとなりました。1969（昭和44）年には東京〜名古屋間に東名高速道路が完成し、関東地方と中部地方が直接結ばれました。このような高速道路網の整備の進展に伴い、長距離高速バスは大きく発展していったのです。

戦後、国産の大型バスの先駆けとなった市販1号車　（出典：東海自動車株式会社）

1963（昭和38）年、開業直前の名神高速のサービスエリアに停車する試運転の高速バス

（3）基幹交通としてのバスの発展と公共性

渋滞が恒常化した大都市では、路面電車やトロリーバスは廃止され、バスの運行が発展します。都市の交通量の増大は、渋滞や大気汚染、ラッシュアワーなどさまざまな社会問題を生み、人々の関心を集めました。

昭和50年代は、地域社会や利用者ニーズに合わせたサービスの改善が進んだ時代です。行き先がわかる「大型行き先表示」も普及し始めました。路線バスにおいては、大阪市交通局がメインエンジン直結式クーラーを空調メーカーと共同開発したほか、停留所名表示器などによる情報提供、複数系統の接近表示ができるバスロケーションシステムなど、さまざまなシステムが進化しています。そのほか、市街地の基幹輸送機関に位置付けた「基幹バス」の登場や、コンピューターによる総合管理システムを導入する「都市新バス構想」が東京、新潟で始まり、公共交通機関としての重要な役割をバスが担うこととなりました。

１９８７（昭和62）年、国鉄の分割・民営化とともに、国鉄バスも六つの旅客鉄道会社に運行エリアを分割し、さらに1年後にはジェイアールバスとして分離独立し、高速・都市間輸送にシフトしていきました。昭和60年代の都市部では、都市圏の人口の郊外への広がりとともに、深夜運行サービスも拡大しました。このほか、夜行高速バスも急速に路線数を拡大し、幅広い利用層の支持を得ることとなりました。

バスの公共性がさらに高まる現在では、既存のバスでは対応しにくい狭隘《きょうあい》地域や小規模需要を対象に、行政が運行に係る新しいバスサービス「コミュニティバス」が登場しました。１９９７（平成９）年には「オムニバスタウン事業」がスタートし、バスを生かしたまちづくりを目指して、人や環境にやさしいバスの導入やコミュニティバスの整備、バスレーンなど走行環境の整備が重点的に進められ

1976（昭和 51）年、バス事業者と空調メーカーで共同開発したバス直結式のクーラー
（出典：大阪シティバス株式会社）

1970 年代後半（昭和 50 年代）、接近表示がされた停留所のバスロケーションシステム
（出典：大阪シティバス株式会社）

ました。乗降性に優れた国産のノンステップバスは、同じく1997（平成9）年に登場し、現在もさらなる利用向上のための取り組みが行われています。バス事業は、都市間をつなぎ、地域に根ざす公共交通機関として重要な役割を担いつつ、より一層、進展を遂げていくことになります。

2000年代以降は、バスに環境対応が求められ、現在に至ります。今ではEVバスをはじめ、多様な環境配慮型のバスが走るようになってきました。さらにデジタル化、自動運転など、技術進化に伴ってバスの発展は続きます。

日本のバス１２０年に寄せて

一般社団法人　北海道バス協会
会長　平　尾　一　彌

日本のバス事業が１２０年を迎え、その足跡を綴る記念誌が発行されますことは誠に喜ばしい限りであり、心からお祝いを申し上げます。

北海道のバス事業の始まりは、日本のバス事業の開始から遅れることおよそ11年、１９１４（大正３）年６月に北海道東端に位置する根室《ねむろ》～厚岸《あっけし》間でフォード社製の幌型８人乗り自動車を用い、１日２往復の運送を開始したと記録されています。

積雪寒冷である北海道特有の気候や悪路という厳しい道路環境のもと、先駆者の筆舌に尽くしがたい幾多の試練と困難に立ち向かう並々ならぬ努力と先達によって、今日のバス事業の礎が築かれております。

その後、大量輸送機関として脚光を浴びた昭和40年代前半になると、乗合バス会員34者で輸送人員が５億９６００万人と、公共交通機関としての社会的役割はまさにピークを迎えました。しかしながら日本の各地域と同様に、地域における人口減少やマイカー等の進展に伴い、２０１９（令和元）年にはバス輸送人員はピーク時の３分の１にまで減少しております。

公共交通機関として地域住民の足を守り続けてきたバス事業に、さらに厳しい試練となったのは、１００年に１度の大災害といわれる新型コロナウイルス感染症によるパンデミックであります。

このように、バス事業の経営は非常に厳しい環境ではありますが、先人たちが馬車に代わる移動手段として最先端の自動車に着目したように、今、バス業界はこのピンチをチャンスと捉え、明るい近未来に目を向ける変革期と受け止めるべきと考えます。

テレワークやオンライン会議など、働き方の変化や人々の行動変容は、デジタル化の流れを急速に推進しつつあります。社会経済の大きな流れの中で、バスが都市や地域における人々の生活や観光需要を支える移動手段として、また、地域のコミュニティを維持するライフラインとして、その役割を果たすことが出来るよう英知を結集し、新たな時代に向けて、ともども懸案の解決に努力することをお誓い申し上げ、皆々さまのご発展を祈念しお祝いの言葉といたします。

（北海道中央バス株式会社　代表取締役会長）

大正 11 年頃の小樽市街自動車のバスと従業員（小樽・日銀支店前）

（出典：北海道中央バス株式会社）

戦車にけん引され、雪の石狩線を走ったバチぞりバス（昭和 30 年頃）

（出典：北海道中央バス株式会社）

バス事業者による自主除雪（昭和 26 年滝川市内）

（出典：北海道中央バス株式会社）

バス事業１２０年への寄稿

公益社団法人　青森県バス協会
会長　工　藤　　清

日本のバス事業は１９０３（明治36）年に京都で運行が開始されてからと言われていますが、本州最北の地・青森でのバス事業の始まりは、京都での運行開始から遅れること9年、１９１２（大正元）年に運行を開始した八戸の乗合バス事業となります。国からの免許を得ての事業としては、１９１９（大正８）年の現むつ市での営業が最初であり、今年で１０４年目となります。

そんな中、当弘南バス株式会社は１９４１（昭和16）年4月に弘南鉄道株式会社から分離独立し、乗合バス事業を開始しました。資本金60万円、車両50台からのスタートでした。

当弘南バス株式会社82年の歴史の中での大きな出来事の一つとして、高速バスの運行開始があります。１９８６（昭和61）年12月から弘前～東京間で長距離夜行高速バス「ノクターン号」（ショパンの夜想曲から命名）の運行を、京浜急行さんと共同で開始しました。

当時はまだ夜行高速バスは珍しく、しかも3列シートでトイレ付、公衆電話やヘッドホンによる音楽サービス等、お客さまにとっては驚きの設備で、バスに対する概念が変わった出来事でした。また、当時の夜行急行列車は東京まで約14～15時間を要しましたが、高速道が整備された事もあり、当高速バスは9時間で到着する事ができました。さらに、運賃も鉄道に比べて安価なため、鉄道から夜行列車が無くなり、全国的に夜行高速バスが拡大する口火を切ったのは、この「ノクターン号」のヒットが大きく影響していると自負しています。

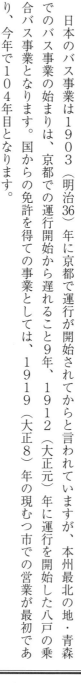

また、もう一つの出来事として、どこの地域も同様ですが、路線バス利用者の減少に歯止めがかからない中、将来も地域交通を維持するため津軽の関係する28市町村で「津軽地域路線バス維持協議会」（現在は解散）を組織し、路線の存続と支援方法についての検討を開始しました。初めは「総論賛成各論反対」となかなかまとまりませんでしたが、国県の制度上の補助対象路線以外についての支援方法を確立し、現在もその支援は継続しております。

今後の最も大きな課題の一つは、少子高齢化に伴う乗務員不足です。これをどう解決していくか、現在の状況が続けば、先々乗務員が不足し、多くの路線を廃止せざるを得ません。これからのバス事業はここに懸かっていると思います。（弘南バス株式会社　代表取締役会長）

開業当時のノクターン号

（出典：弘南バス株式会社）

バス事業１２０年　さらなる発展を期待して

公益社団法人　岩手県バス協会
会長　本　田　一　彦

本年9月20日に、わが国におけるバス事業１２０周年を迎えるに当たり、岩手県バス協会の会長として拙文をお届けいたします。

時代というものは不思議なもので、ひとたび過ぎ去り歴史の一部になってしまうと、誰にとっても自明の事柄となる一方、現在進行形になるとまったく先行きの見通しがつかず、予測不能、暗中模索ということになります。その結果、いつの時代にあっても「かつてなく先行き不透明な今日…」という枕詞をもって現代が語られることになります。

日本のバス１２０年に当たる２０２３（令和５）年もまた、そのような時代の典型であるように思われます。２０２０年代に入って早々、何の前触れもなく世界的な疫病の流行に見舞われ、社会活動はそれまで全く予想しなかった形で制約を受け、変容を余儀なくされました。新型コロナウイルス感染症という名の疫病の流行は人類の理性にも影響するのか、これまた全く予想しなかった形で、突然、国境を超えた武力行使がなされ、日々、多くの死傷者が生み出される悲劇を続けています。

「ステイホーム」が声高に叫ばれ、街中から人々の姿が消えたゴールデン・ウィークから丸3年。少なくともわが国においては以前の日常が少しずつ戻りつつあります。日中、路線バスの中扉近くに座っていると、スマホ片手に観光案内を見ながら乗車してきた外国からの来訪者に片言の日本語で「盛岡駅、行キマスカ？」と尋ねられ、ああ、こういう日常が戻ってきたんだな、という感慨に包まれます。

夕方、盛岡の動物公園から自家用駐車場まで来園者を運ぶシャトルバスの傍らで、家族連れが「ああ、楽しい一日だったわね」と笑顔で話している姿を見ると、実に久方ぶりの光景のように思われます。

改めて、バスは人々の日常と共にあるのだ、という思いを強く持っています。3年前のように人々の日常が失われてしまうと、社会におけるバスの存在意義も、バス会社の経営的な基盤もあっという間に揺らいでしまいます。

バス事業に携わってきた立場として、つらいことも少なくなかったというのが実感です。事故が起きれば当然のことながら、相手の方やその関係者に対して申し訳ない気持ちになります。コロナで乗務員の欠勤が相次ぎ、ダイヤの維持が綱渡りになった時など生きた心地がしないこともありました。バス事業に携わる次の世代の人たちには、そのような苦労よりも、社会と共にある充実感を持って働ける業界になって欲しいと強く思います。高度なセンサー技術と人工知能＝ＡＩを活用した自動運転の普及により、要員不足に悩むことのないバス業界、ヒューマンエラーによる取り返しのつかないような重大事故のないバス業界――の実現が強く希求されるところです。環境負荷の少ないＥＶ化、無線技術を活用したバスロケーションシステムや配車システムなどは、既に実現しつつあります。

歴史の常として、バス業界についても今を生きるわれわれが全く予想しなかったような変化と発展が、今後、成し遂げられるものと想像しています。その時、将来を生きる人たちには、そうした変化や発展もごく当たり前のバス業界の姿になっているのだろうと期待を込めて考えています。

（岩手県交通株式会社　代表取締役会長兼社長）

日本のバス１２０年に寄せて

公益社団法人　宮城県バス協会
会長　青　沼　正　喜

宮城県内の民間バス事業は、京都から遅れること15年後に始まりました。その当時の時代背景を思うと、今日の自動運転バスやドローンのように革新的なものであったことでしょう。１２０年というのは日本の歴史の中では決して長いものではありませんが、社会的変化が大きい時代において、公共交通の発達は日本の発展の一部であり、切り離すことはできません。バスの用途は乗合バスから始まり観光バス、高速バス、デマンドバスなど、社会の変化と共に新たなスタイルが派生してきました。これからどのように進化していくのか、とても楽しみです。今、東北地方は全国でも特に人口減少が著しく、運転者不足に併せ、車両数も大きく減少しています。もし東日本大震災と同様の災害が起きたら、少ない車両で役割を果たせるのでしょうか。このような時代のバスの在り方について、東北という課題先進の地から示していきたいと思います。

　私たちに求められる使命は、脱炭素社会を目指した輸送はもちろんですが、本格的な自動運転までどのように輸送力を維持し、つないでいくかという事です。今、運転者不足が叫ばれる中、重大な岐路に立っていますが、公共交通事業者としての役割をしっかり果たし、次の１５０年、２００年へとつなげたいものです。

　日本は古来より地方に詣で、地方を見分してきた歴史があります。将来においても、そこに立ちたいという自然発生的な欲求は変わらないでしょう。その欲求を明日からも叶えていきたいと思います。

（宮城交通株式会社　代表取締役社長）

東日本大震災時ＪＲ仙石線列車代行運行

（出典：宮城交通株式会社）

EV バスによる仙台都市循環バス「まちのり『チョコット』with ラプラス」運行

（出典：宮城交通株式会社）

バスの使命

公益社団法人　福島県バス協会
会長　松　本　　順

生活、教育、観光、ビジネスなど、バスはさまざまな目的で移動を求める人々を運んできました。大都会に出た若者が帰省した際、毎日の通学で乗っていたバスが相変わらず元気に走っているのを見て、ふるさとに帰ってきたことを実感するといいます。受験の朝も、就職面接の日も、彼らはバスで出掛けたのです。修学旅行の思い出もバスと共にあります。学業に限らず、通院や買い物、親戚付き合いや介護、そして旅行やちょっとしたレジャーにもバスが使われてきました。

２０１１（平成23）年、福島を襲った未曽有の原発事故発生の直後には、原発周辺地域の多くの住民、さらには周辺の病院の入院患者の方々などの緊急避難輸送が大規模に実施され、多数の大型バスがその役割を果たしたことは忘れられません。リスクを冒して原発方面にバスを走らせた乗務員たちに改めて敬意を表します。また、鉄路・空路が不通となり、東北道が緊急自動車専用となった中で、個々の実家の復旧やサプライチェーンの維持のために多くの人々がバスを使って被災地に入りました。

私たちバス事業者には、社会生活を支え、災害にも強いバスの機能を維持し、より一層の進化を実現して次の世代に引き継いでいく使命があります。現下の最大の課題は、乗務員をはじめとする担い手の確保ですが、１２０周年の節目に際し、さらなる待遇の改善などを通じて人材を確保し、こうした使命を果たすべくバス業界の発展に取り組んでいくことを胸に期したいと思います。

（福島交通株式会社　取締役会長）

震災後、ほぼ唯一の長距離交通となった高速バスに人々が集中した
（出典：株式会社福島民報社）

時のバスが走る

公益社団法人　秋田県バス協会

京都に遅れること9年、秋田でバスが走りました。秋田県バス協会創立60周年記念誌『秋田のバス事業』（平成13年発行）に、「…秋田県で初めて…明治45年…秋田市内、秋田・土崎間、秋田市・本荘町間で営業を開始した」とあります。秋田のバスも１１１歳、年齢を重ねました。記念誌をひも解いてみます。

「…鉄道省の省営バスが…昭和10年に毛馬内駅まで延長運転…。定員26名の乗用貨物兼用車だった」とありました。写真「二重屋根のバス」の後部は貨物室だったのでしょうか。時を経て、今、「貨客混載を通じた生産性向上」を図っています。

また、「戦時体制下…男子運転手が大量に徴用…運転手不足で大打撃を受けていた。秋田県警察部では…女性運転手の養成に力を注ぎ…20余人の応募者…４人の合格者…その後の取得者は多くなかった」とありました。時を経て、今、現役で活躍する女性運転者をメインに据えた「バス運転士就職支援ガイド２０２２」を発行、「バス運転士体験会」も開催しています。

１００歳を超えて、県と「災害時における緊急輸送」「重大な動物感染症発生時における防疫作業従事者等の輸送」の協定を締結しました。いざという時の期待にも応えていきます。

１１１歳の今年、「秋田バスまつり」は26回目、「絵画コンクール」は12回目の開催となりました。

地域に根差しながら、その時のバスとして走り続けてまいります。

昭和９年頃、十和田湖線で運行された二重屋根のバス
（出典：ＪＲバス東北株式会社青森支店）

蓮の花フォトコンテスト2022『蓮とバス』秋田県バス協会特別賞
（出典：秋田商工会議所）

第2章　時代に翻弄されるバス事業

第2章　時代に翻弄されるバス事業

（1）崖っぷちのバス事業

１９０３（明治36）年に日本にバスが走り始めて１２０年。今、バス事業は危機的状況にあります。売り上げは右肩下がり。ただでさえ厳しい局面が続く中、２０２０（令和２）年から世界的に蔓延した新型コロナウイルス感染症によって、バス業界は戦後最大の危機を迎えました。全国のバス会社は赤字経営を余儀なくされ、莫大な借入金を抱えることとなり、まさに崖っぷちに追い込まれました。この状況は、コロナ禍で大きく変化した社会構造も含め、現在もまだ継続しています。

　政府が行った規制緩和や少子高齢化の著しい進展、地方の過疎化などにより、厳しい状況であることは確かですが、バスの必要性や役割は変わらないどころか、増し

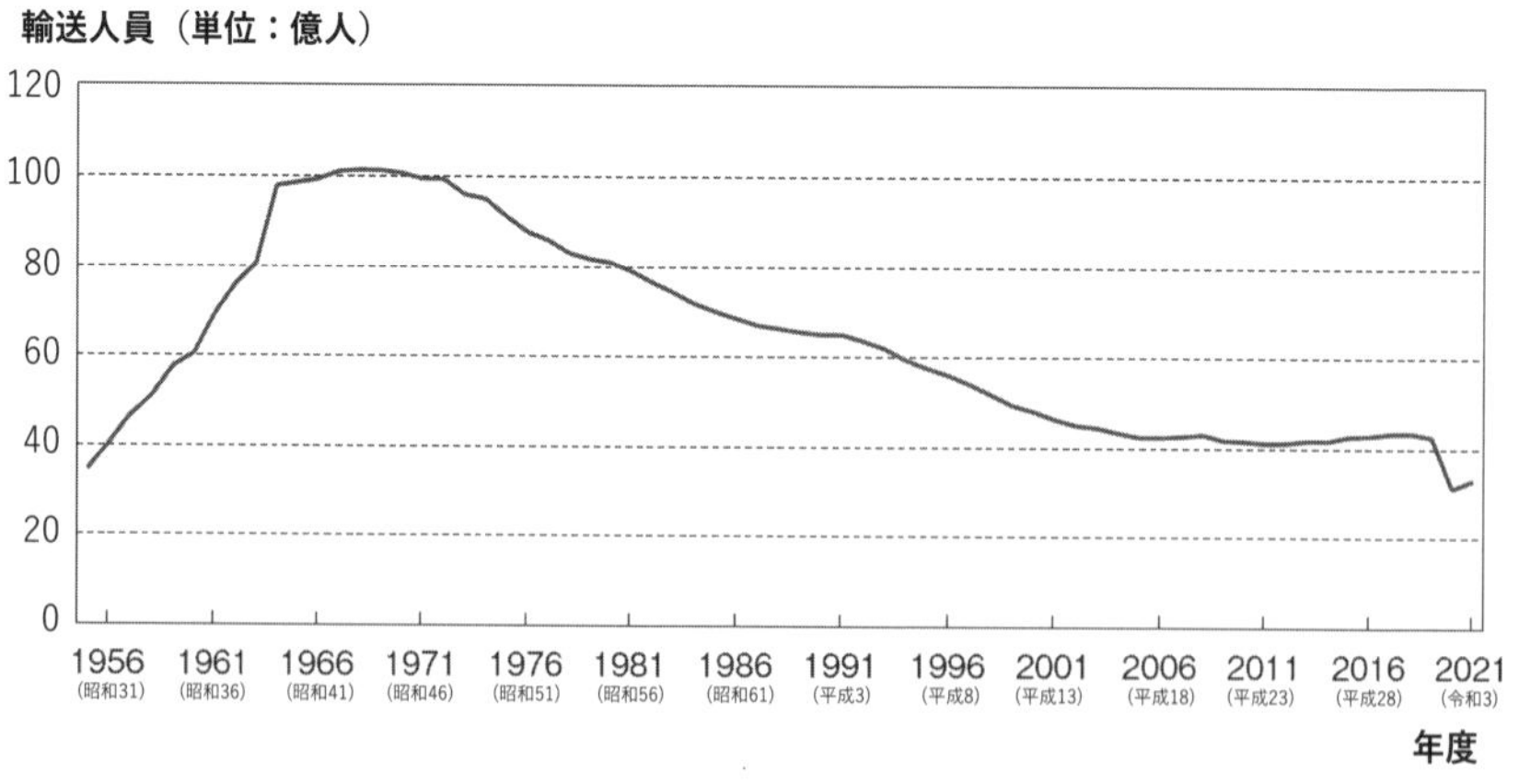

一般路線バス輸送人員の推移
（出典：令和５年版交通政策白書）

てきていると認識しています。バスへの期待がある以上、行政や地域の皆さまと一緒になって、今の厳しい状況を乗り越えていきたい。そのためには何が必要なのか。デジタル化や環境技術、自動運転などバスに関わる技術革新も急速に進んでいます。ピンチをチャンスとして捉えて、われわれバス業界自身が改革を進め、崖っぷちからの脱却を図らなければなりません。

バス事業の原点は安全です。安全な運行が最大の使命であります。世の中の皆さまから信頼されるバス業界であることを常に目指していきたい。その上で、少しでも期待に応えていけるよう、新たなサービス改善を図っていきたいと思います。

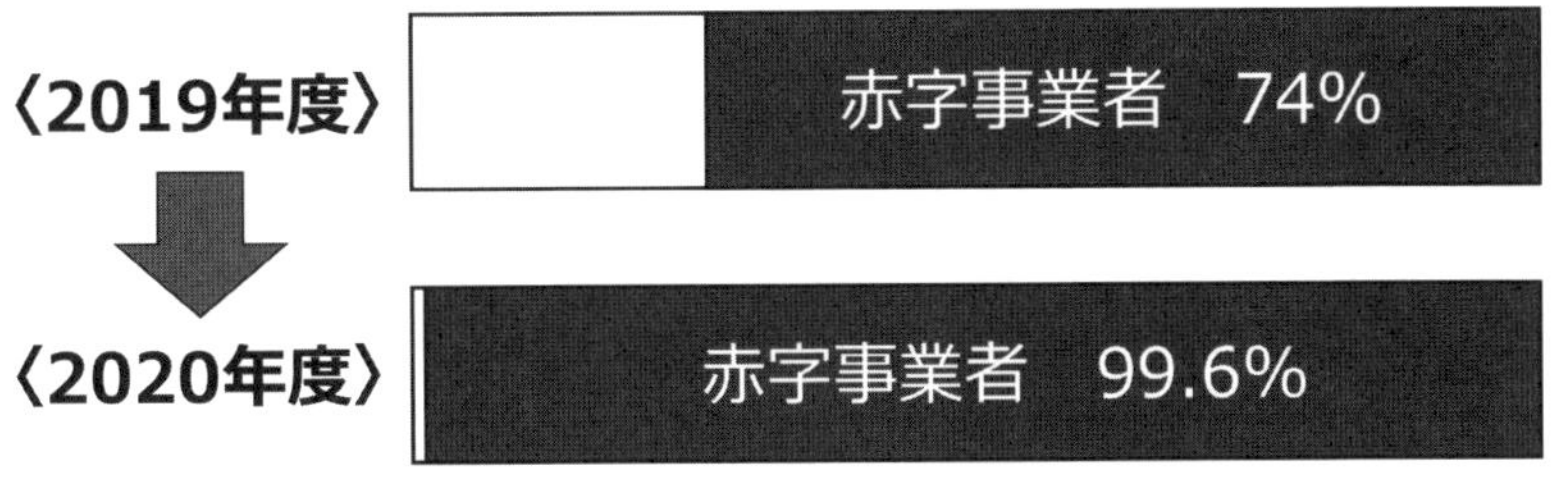

コロナ前後における路線バス赤字事業者の割合
（出典：令和５年版交通政策白書）

(2) バス事業の規制緩和

日本のバス事業は、長らく需給調整による免許制が採用されていました。しかし1990年代以降、世の中の規制の全面的な見直し議論の中で、政府はバス事業を含む公共交通の各分野においても規制緩和を行い、競争力の向上や市場の活性化を図ることを目指しました。

路線バス事業においては、2002(平成14)年に免許制から許可制への規制緩和が行われ、一定の基準を満たす限り、政府が事業者に対してバス事業を開始できるようにする制度となり、新規参入が容易になりました。

この規制緩和は、業界に大きな影響を与えました。都心部を中心に、比較的利益率の高いエリアでバス事業の運行を行う新規事業者が増加し、運賃競争が激化することとなり、また、既存のバス路線に重複するバス路線を開設して安価なバスを運行するなどのケースも見られます。

一方、地方においては、経営自体が厳しくなり、地域交通の維持が困難な状況も生じています。人口減少や高齢化による需要の減少に加えて、経費の増加により、バス事業者が路線を維持することが困難になり、撤退の危機となっている路線も多いのが実態です。

規制緩和により、安全性やサービスの質が低下することは何としても避けなければなりません。過度な競争によって公共交通の維持が難しくなっては本末転倒です。路線網の縮小や撤退により地域住民の利便性が低下することを防ぎ、地域格差の是正や安全性の確保に取り組むことが必要不可欠なのです。

(3) 路線バスの補助制度の変遷

路線バス維持のための補助制度は、さまざまな見直しを行いながら現在に至っています。2002(平成14)年の需給調整廃止の規制緩和と同時に行われた補助制度改正においては、国の支援の対象が広域・幹線路線に限定されました。広域・幹線路線とは複数市町村にまたがる路線で、10キロメートル以上、運行1日3回以上、1日の輸送量は15人から150人という要件です。また、路線バスの維持には地方自治体からの支援も重要であり、都道府県や市町村のバス路線維持にかかる経費の8割を、国が特別地方交付税で措置する仕組みとなっています。なお、バスの特別地方交付税は約600億円で、これは各自治体のコミュニティバスなどの委託費も含まれた額となっています。

この補助制度の一番の問題は、路線バスの赤字と、支援の額に大きなギャップがあることです。全国の路線バスの赤字は年間約900億円、国や自治体の支援を差し引いても約200〜400億円は不足しています。

なぜ、このようなギャップが生じるのか。一番の原因は、需給調整時代の昔からコストの算定において地域ブロック平均単価という走行キロ当たりの単価を使用していることにあり、これでは実勢コストと大きくかけ離れてしまいます。地域ブロック平均単価は、日本全国を21のブロックに分けて設定していますが、ブロック平均といっても、実勢コストが平均より下の場合は、実勢コストを採用しており、地域ブロック平均単価を超える場合だけ、平均コストで抑えるという仕組みなのです。都心部のバスと過疎地のバスでは、人件費も大きく違う。各バス会社は、相当の努力をして費用を抑えていますが、地域ブロック平均で抑えられると、賃上げもできないという深刻な問題も抱えています。各社の実際の走行キロ当たりコストと、ブロック平均の走行キロ当たり単価には大きな乖離

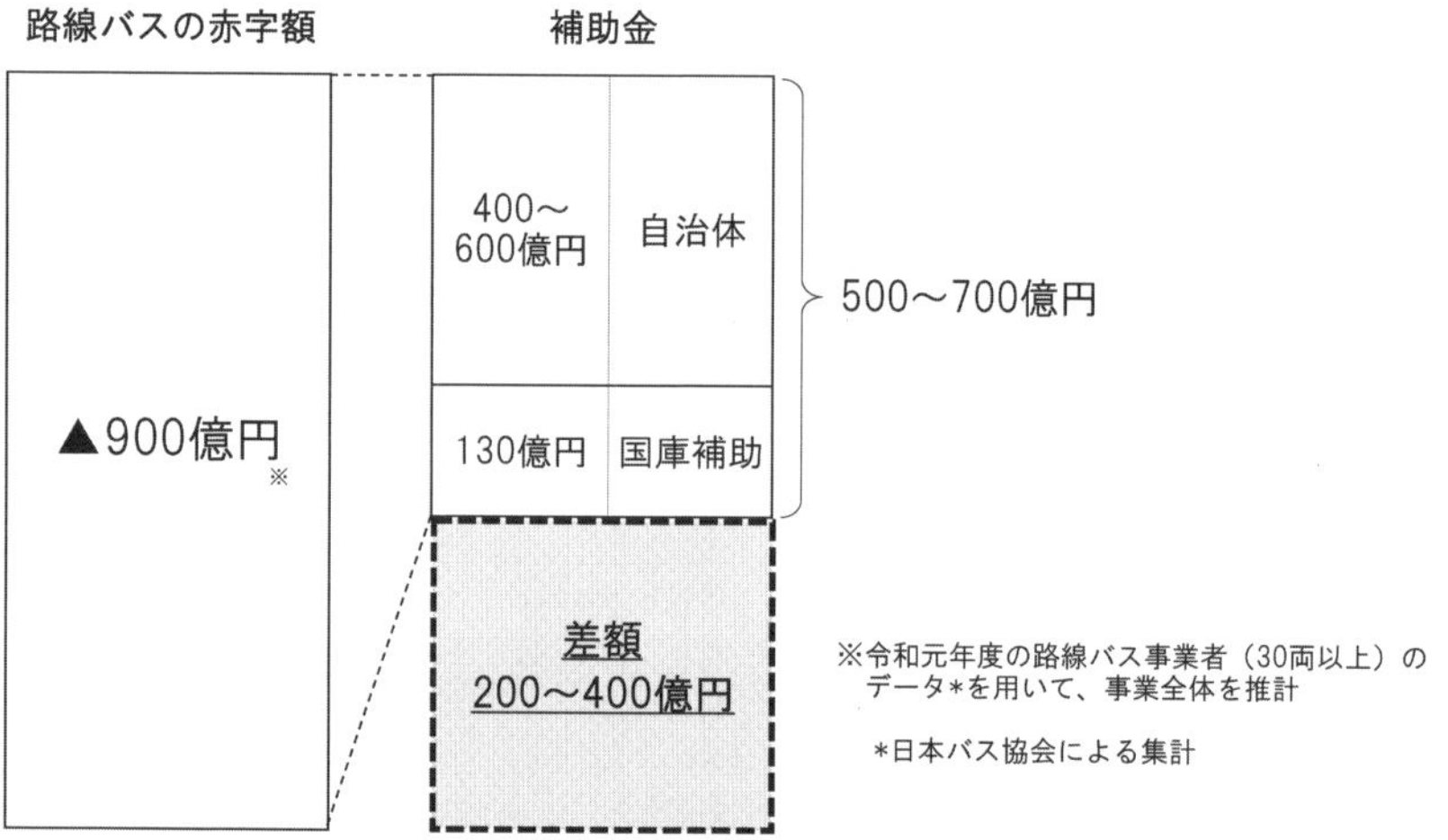

※令和元年度の路線バス事業者（30両以上）のデータ*を用いて、事業全体を推計
*日本バス協会による集計

路線バスの赤字額と補助金

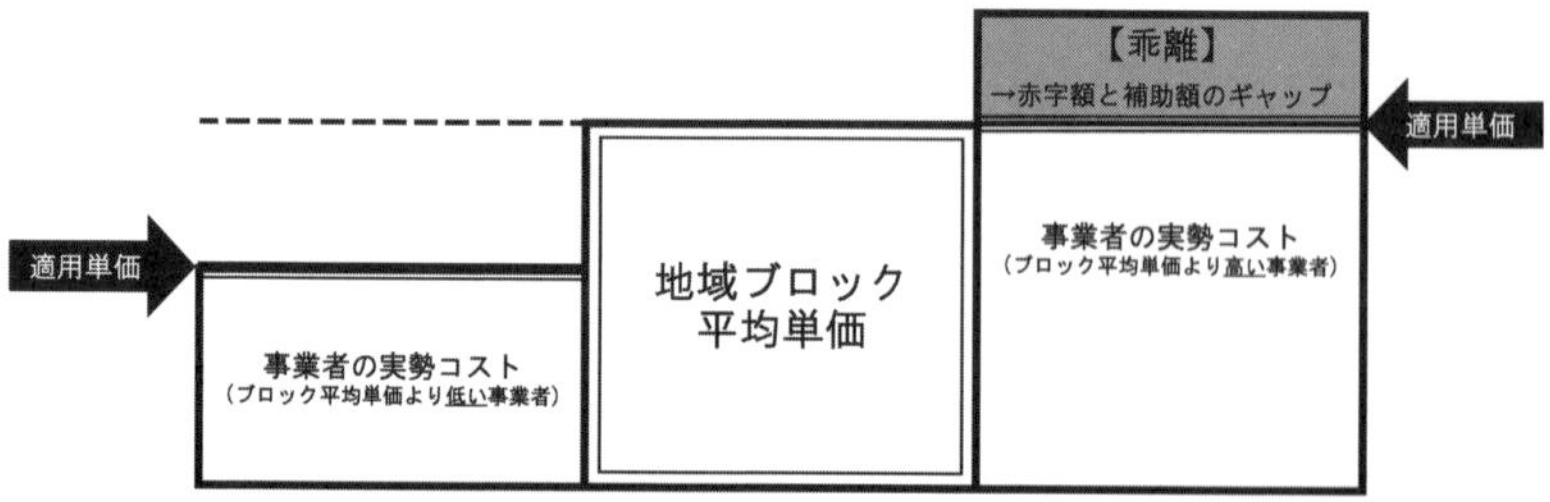

地域ブロック平均単価と補助金

があり、その結果、バス会社は実情に合わない補助金しか受け取れないケースが多発しているのです。しかも自治体の単独補助においても、国と同様に地域ブロック平均単価が使われていることが多く、実際の赤字額と補助額に大きなギャップが生じる一番の要因となっています。

バス会社は、新型コロナウイルス感染症の苦境も経て、本当に経営的に苦しく、相当の経費節減など歯を食いしばって自助努力をしています。しかし、このような地域ブロック平均単価による計算をされてしまっては、実際に必要な人件費などはとても賄えません。路線バスの維持のため、実勢コストによる補助制度に改めることが緊急に必要です。

（4）貸切バスの規制緩和による影響

２０００(平成12)年に貸切バスの規制緩和が行われたことにより、全国的に貸切バス事業者が増え、車両数も飛躍的に増加しました。業界内では運賃のダンピング競争が起こり、運賃収入の低下、併せて燃料費の高騰など運行コストの上昇により貸切バス事業者の収益性が悪化しました。それは同時にバス会社各社の人件費の抑制や安全対策にかける費用の削減を意味しており、貸切バス業界全体の急速な拡大とともに安全性は著しく低下せざるを得ない状況に追い込まれていったのです。中には安全を無視した貸切バス会社も現れ、重大事故を発生させ、尊い命を犠牲にしたこともありましたが、今後は安全を十分に確保した上での適正な競争が実施できるよう、業界と国が力を合わせていかなければなりません。

現在、新型コロナウイルス感染症の影響が長期化した中で、貸切バス業界は大きなダメージを受けています。特に団体旅行の需要は今もまだ大きく落ち込んでおり、今後需要が回復していく中で、貸切バス事業者間の運賃競争が再び激化する恐れがあります。このため、貸切バスの安全対策の徹底強化、ダンピング防止対策、事業者への支援の拡充など、さまざまな施策を講じる必要があります。特に、適切な運行管理ができる仕組みとしてデジタル技術を活用し、悪質な事業者を排除することが緊急に求められます。

貸切バスは、安全確保などの課題に取り組むことが最重要であり、お客さまに安心して乗っていただくことで、日本の観光振興や地域活性化に貢献していく必要があります。

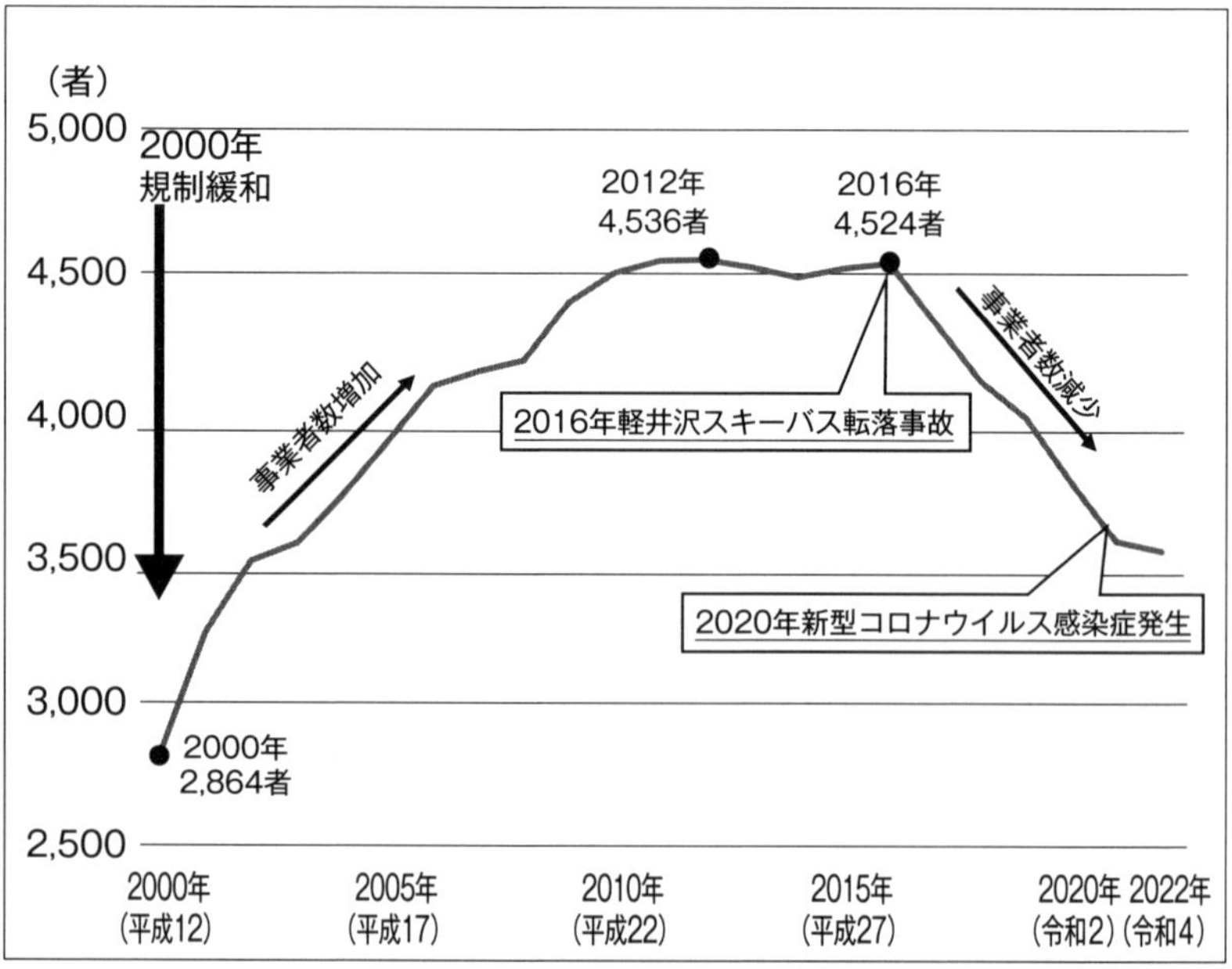

貸切バス事業者数の推移

（出典：国土交通省資料をもとに日本バス協会作成）

（5）ツアーバスの登場による混乱

貸切バスの競争激化は、その後、高速ツアーバスの台頭という思わぬ影響をもたらしました。それまで、全国各地からディズニーランドなど観光地への直行便を運行していた旅行会社主催の貸切バスツアーは、競争が激化するとともに需要が大幅に増加しました。その結果、単に都市と都市を結ぶという従来の高速バスと運行内容が全く同一となる「高速ツアーバス」が登場したのです。

バス車内で運賃を収受せず、旅行会社のツアーを貸切バスが運行する高速ツアーバスは、合法ではあったものの、旅行会社はこれを「高速バス」として発売を開始し、同時に安価な運賃を設定し、インターネットで発売するという手法により急激な成長を遂げることとなりまし

高速ツアーバスは道路上での危険な乗降が常態化
（出典：関東運輸局）

た。

従来の高速バスを運行していた乗合バス会社の多くは、地方では多数の赤字バス路線を運行していましたが、高速ツアーバスの台頭により高速バスの収支が悪化した結果、地方バス路線の赤字を高速バスや貸切バスで穴埋めするという構図に綻びが生じることとなり、全国の乗合バス会社はさらなる苦境へと追い込まれていったのです。

高速ツアーバスは停留所がないため、路上での危険な乗降も問題となっていました。国も高速ツアーバスの今後の在り方について検討を進めていた矢先、２０１２（平成24）年に関越自動車道での高速ツアーバス居眠り運転事故が発生してしまったのです。

最終的に高速ツアーバスは従来の高速バスと一本化され、終焉を迎えましたが、その台頭から最終的な一本化までには10年以上の長い期間を要し、従来の乗合バス会社の経営に甚大な影響を残すことになりました。この高速ツアーバスの問題は、今後、安全第一のバス業界を構築していかなければならないという一つの教訓となったと考えられます。

（6）独占禁止法特例による路線バスの共同経営

人口減少等による乗合バス事業者の持続的なサービス提供が困難な状況にある中、２０２０（令和２）年施行の独占禁止法特例法により、地域のバス路線を維持するため、ライバル会社同士が協力してバスを運行していくことが可能となりました。

乗合バス事業者の7割近くは経常赤字を抱えている状況であり、その割合も年々増加傾向にありま す。そういった経営状況にもかかわらず、同一エリア内に複数の乗合バス事業者が重複する路線を運行している例は数多くあります。

このような競合関係は、生活維持路線を運行する乗合バス事業者にとっては経営を圧迫するもので す。独占禁止法特例法以前は、利用者のためであるかどうかにかかわらず、事業者間で運賃や路線等に関する調整を行うことは禁止されていましたが、特例法が制定されたことにより事業者間調整が可能となり、過剰供給されていた路線調整や運賃統一など効率化を図ることが認められ、バス事業の共同経営が可能となったのです。

その第1号として、熊本県で乗合バス事業者5社が共同して、重複路線の運行の効率化や待ち時間の平準化など利便性を確保しつつ、地域の運送サービスの維持を図る取り組みが2021（令和3）年3月に全国初の認可を受け、同年4月からスタートしました。また2022（令和4）年には、徳島県でバスと鉄道の共同経営もスタートするなど、他業種との共同というケースも登場しました。

山形県内バス事業について

一般社団法人　山形県バス協会
会長　村　紀　明

バス事業１２０周年を迎え、今日ようやく新型コロナウイルス感染症による暗黒の３年間が解消されつつあります。振り返ればバス事業全般が低迷する、過去に例が無い異常事態に陥り、バス事業最大の試練となりました。

バス会社各社は地方創生臨時交付金による支援や雇用調整助成金の特例措置を活用し、生き残りを図らなければならない苦しい経営状況に追い込まれました。

コロナの波はなかなか終息せず経営を圧迫し続け、資金繰りにおいてもコロナ関連特別貸付制度を利用するなど、急激な収益低下による資金繰り悪化に急遽対応する事例が数多く見られました。

また、バス会社各社はウィズ・コロナの中、いかにして自力での収支改善を可能とするか、貨客混載や地域連携ＩＣカード「チェリカ」の導入など、新たな施策に取り組んでまいりました。

特に地域連携ＩＣカード導入に際しては、国・県・ＪＲ東日本（Ｓｕｉｃａ）等の関係先からの手厚い支援により、２０２２（令和４）年５月に全国では初めてバス会社共同（山交バス・庄内交通）での山形県内同時導入を実現することが出来ました。バス利用状況の実態をデータ把握し、施策に反映させる事が可能となると共に、併せて利便性の向上についても好評を得ております。

今後、ウィズ・コロナの期間は続くものと思われます。県内の庄内交通においては２０２２（令和４）年10月より人口減少の続く中ではありますが、地元行政・鶴岡市の支援も得ながら、市内循環バスの運行拡大（新設路線・運行ダイヤ増便）を実施し、人口減少傾向でもその影響が少ない高齢者層をターゲットとして、バス利用者の増客を目指す取り組みを進めております。

依然としてバス事業はコロナ禍前の収益回復には至っておらず、厳しい経営環境は続くものと思われます。少なくとも前例踏襲の事業運営では収益回復は厳しいものと捉え、新たなチャレンジ・取り組みを進めてまいります。（庄内交通株式会社　代表取締役社長）

「shoko cherica」
（出典：庄内交通株式会社）

「yamako cherica」
（出典：山交バス株式会社）

全国で初めて県内同時導入の地域連携ＩＣカード

茨城県のバス事業について

一般社団法人　茨城県バス協会
会長　任田正史

茨城県バス協会は会員企業数１１１社（バスの台数２９２５台、２０２３（令和５）年4月1日現在）で構成されています。県の中部から南部・西部は広大な平野部で可住地面積が広く、農業地域では家屋が点在していて、交通空白地域が広いのが特徴です。また、北部は山間部となり少子高齢化・人口減少が進んでいます。

そのような環境の中で、地域の足となっている路線バスですが、十分カバーできないエリアも広く、各自治体のコミュニティバスや福祉輸送サービスなどで補完している状況です。

高速バスにおいては東京方面（羽田空港、成田空港含む）へ県内各地から出ており、通勤・通学など生活路線の役割と観光誘客の役割も担っています。東京以外でも大阪・京都、名古屋、仙台（新型コロナウイルス感染症で一部運休中）など多方面へ出ています。

貸切バス事業においては県内の学校行事や一般団体の輸送に加えて、茨城空港を拠点とする観光客などで茨城県の観光振興にも貢献しています。

安全確保の指導においては、貸切バス適正化事業の巡回指導をはじめ、運行管理者や運転者への定期的な講習などを行い、協会全体としてバスの安全性への信頼維持に日々努めています。

バス事業開始１２０周年を迎え、引き続き地域の活力維持・活性化に貢献するとともに、自動運転、ＥＶバスなど新たな時代の流れに合わせて、さらに発展できるよう努めていきます。

（茨城交通株式会社　代表取締役社長）

水戸駅北口バスロータリー

（出典：茨城交通株式会社）

ＢＲＴ（バス専用道）

（出典：関東鉄道株式会社）

日本のバス１２０年にあたって

一般社団法人　栃木県バス協会
会長　吉　田　　元

バス事業１２０年を迎えるに当たり、一言お祝いの言葉を申し上げます。

『バスに乗って　地球いきいき』このフレーズは、栃木県バス協会のＨＰや封筒に印刷されており、約20年前から使われています。今、振り返れば、２０５０年カーボンニュートラル、脱炭素の実現を目指す取り組みを、その当時から模索していたのかもしれません。現在、栃木県内では、赤沼奥日光低公害バス（ＥＶ）、日光西町地域におけるグリーンスローモビリティが運行しています。

また、２０３０（令和12）年までに宇都宮市内に１５８両のＥＶバスが導入され、大型バスの約7割が電化される予定です。ＥＶバスが電気を蓄積する機能を果たすことにより、地域の再エネルギー比率の向上や非常時の分散型電源の確保が期待され、レジリエンス強化を実現します。さらに、自動運転バスの本格運行を見据え、『栃木県ＡＢＣプロジェクト』として、自動運転システム（Ａｕｔｏｎｏｍｏｕｓ）を導入した路線バス（Ｂｕｓ）の本格運行を目指した挑戦（Ｃｈａｌｌｅｎｇｅ）をしています。

未来のバスの風景を思い浮かべると、ウキウキ・ワクワクが止まりません。

結びに、日本バス協会および各都道府県バス協会のさらなるご発展、並びに全てのバス事業者の益々のご繁栄を祈念いたしまして、メッセージとさせていただきます。

（関東自動車株式会社　代表取締役社長）

栃木県内を運行する関東自動車株式会社の路線バス
（出典：関東自動車株式会社）

日光市西町地域を運行する東武バス日光株式会社のグリーンスローモビリティ
（出典：東武バス日光株式会社）

群馬県におけるバス事業について

一般社団法人　群馬県バス協会

デジタル技術を活用し、将来の群馬県バス事業の発展に資するための取り組みについて

1．次世代モビリティ（自動運転バス）の活用について

群馬県における自動運転バスの運行は、群馬県、前橋市、群馬大学が協働して前橋市内や渋川市内等において実証実験が進められており、最近では高速大容量が可能な5G技術を導入した運行、バス車内にカメラを設置して顔認証システムを利用した運賃決済など、貴重なデータが得られており、引き続き実装に向けて取り組んでまいります。

2．MaeMaaS、GunMaaSについて

前橋市内のさまざまな交通モード（鉄道、バス、タクシー、デマンド交通、シェアサイクル）を分かりやすく、また利用しやすい案内をする目的で実施してきたMaeMaaSについては、２０２３（令和５）年3月から前橋市に加えて県内全域の利便性の向上に向けて、群馬県の事業（GunMaaS）として拡大展開していくこととなりました。

前橋市で培ってきたデマンド交通予約、フリーパス、リアルタイム経路検索、市民割引などの便利な機能が、スマートフォン一つで群馬県全域の移動の円滑化に果たす役割は大変大きなものと期待されますので、当協会としてもバス事業の需要回復等に向けて、関係機関と連携して協力してまいります。

前橋市内で実証運行をした自動運転バス
（出典：日本中央バス株式会社）

渋川市内で実証運行をした自動運転バス
（出典：関越交通株式会社）

埼玉県のバス事業について

一般社団法人　埼玉県バス協会
会長　金井応季

２０１９（令和元）年9月に開催されたラグビーワールドカップ日本大会では、県内の「熊谷ラグビー場」で３日間試合が行われました。近隣の駅から会場までの輸送を行い、延べ約１１３０台の会員事業者のバスを投入、関係機関との連携により円滑に観客輸送を行うことができ、日本代表の活躍とともに成功を収めました。

会場となった「熊谷ラグビー場」は、現在、ジャパンラグビーリーグワン２０２２で優勝した埼玉パナソニックワイルドナイツのホームスタジアムとなり、バスによる観客輸送の成功が、現在のラグビー人気の高揚にも貢献していると感じています。

２０２０（令和２）年2月には、県内初となる「SAITAMAバスドライバーコンテスト２０２０」を県警本部と共同で開催し、精鋭ドライバー20名が高度な運転技術を披露しました。

その年に予定されていた東京オリンピック・パラリンピック２０２０は1年延期され、無観客での開催となりましたが、選手や大会関係者の輸送に貢献し、大会の運営を支えました。

その後、新型コロナウイルスは感染拡大と一時的な収束を繰り返し、人流抑制が続いたほか、原油価格や部材費の高騰など、バス事業をとりまく環境は厳しい状況が続いています。

このような中、２０２０（令和２）年12月に県内初の燃料電池バスの導入、２０２１（令和３）年2月には飯能市で大型路線バスの自動運転による実証実験が行われるなど、県内各地でさまざまな取り組みが進んでいます。現在、和光市では２０２３（令和５）年８月にバスの自動運転による第一期社会実証が行われ、２０２４（令和６）年度の第二期社会実装に向けた専用通行帯やバス停の整備を進めており、自治体やバス事業者とも連携して取り組んでいるところです。

バスは地域の生活交通に必要不可欠な公共交通機関であり、地域の活性化や観光産業への貢献、高齢化社会への対応、環境問題等、バス事業に対する社会的要請と期待はますます高まっています。今後ともバス事業に対するご支援とご協力をお願い申し上げます。

（東武バスウエスト株式会社　取締役社長）

SAITAMA バスドライバーコンテスト2020

（出典：一般社団法人埼玉県バス協会）

燃料電池バス「SORA」

（出典：東武バスウエスト株式会社）

千葉県のバス事業について

一般社団法人　千葉県バス協会

この度、日本のバス事業が１２０年を迎え、大変喜ばしく存じます。

千葉県内のバス事業は、大正時代の初め頃に県内各地で乗合自動車事業が始まって以降、大正時代の小規模事業者の設立・発展、昭和初期から太平洋戦争期まで続いた事業者統合、戦後復興と経済発展による乗合・貸切の輸送人員増加、高度経済成長期以降のモータリゼーションや少子高齢化による乗合の輸送人員減少、１９７８（昭和53）年の成田空港開港や１９９７（平成９）年の東京湾アクアライン開通を契機とした高速バスネットワークの発展、団体旅行の衰退と訪日外国人旅行客増加に伴う貸切バス利用者の変化、そして新型コロナウイルス感染症の流行による観光バス需要の消失および乗合輸送人員の大幅な減少と、幾多の変遷を経て、現在に至っております。

今後、千葉県内では、北千葉道路や首都圏中央連絡自動車道の未開通区間等の建設が進む予定です。道路網がさらに整備され、成田空港拡張計画によって旅客需要の増加が見込まれることから、千葉県内のバス事業はより一層大きく変化するものと思われます。

当協会は、安全運行の支援や交通事故防止、乗務員の健康管理の支援、法令・通達への適切な対応、運転者の確保と働き方改革への対応、軽油価格高騰への対応、環境対策の推進、乗合における地方路線バス維持確保のための千葉県バス対策地域協議会および市町村の地域公共交通活性化協議会等への参画、貸切における安全・安心な運行を実現するための総合的な対応等、諸々の課題に取り組み、活動を通じて会員の事業の発展に努めてまいります。

第3章　安全・安心はバス事業の一丁目一番地

第3章　安全・安心はバス事業の一丁目一番地

（1）バス黎明期に発生した重大事故

バスの黎明期となる昭和30年代から50年代にかけては、多くの乗客が亡くなる悲惨なバス事故がいくつか発生しました。

１９６８（昭和43）年の岐阜県飛騨川のバス転落事故は、台風の影響で発生した土砂崩れにバスごと巻き込まれて飛騨川に転落し、激流に流され、一度に１０４名が亡くなりました。日本のバス事故の歴史でも最大の事故といえます。当時の事故の多くは道路からの転落によるものであり、道路事情も影響しているものと思われますが、この時期に発生した事故の原因は、悪天候時の無理な運行やずさんな運行計画、運転者の技能不足というものであり、結論として、運行管理者がその可否を判断し、適切に運行指示を出していれば防ぐことができた事故が大半なのではないかと考えられます。

バス黎明期に発生した重大事故を受けて、バス業界ではさまざまな安全対策が講じられました。国においても、万全な安全対策に向けた法令を整備していくこととなります。

１９５６（昭和31）年の愛媛県長浜町バス転落事故は、バスが夜間走行中に強風にあおられて道路から海岸に転落し、運転者と乗客10名全員が亡くなるという悲惨な事故でしたが、この事故を起こしたバスが発見されたのは翌日の昼でした。発見が遅れた理由は、このバスは最終便であり、終点に到着して運行終了だったところ、当時は終業点呼や到着連絡というものがなく、バスが夜、終点に到着していないことを運行管理者が把握していなかったためと言われています。もしその頃、到着連絡の制度があれば、事故の発見も早まり、助かる命もあったかもしれません。この事故を受け、国は、終業点呼、遠隔地終点到着連絡などの制度を制定しました。

つまり、この時期は、悲惨な事故が発生するごとに国が対策を講じて法令を制定していくという、現在の運行管理制度の土台を築いた時期であります。制定された法令は、尊い命の犠牲をもとに作られているということを、われわれは常に意識すべきです。

(2) 近年発生したバスの重大事故

近年のバス事故では、以下のような重大事故が発生しました。

①2012（平成24）年4月　関越自動車道高速ツアーバス居眠り運転事故
運転者の居眠り運転により高速ツアーバスが防音壁に衝突し、7名が死亡し、39名が負傷。

②2016（平成28）年1月　軽井沢スキーバス転落事故
軽井沢スキーバスが下り坂のカーブを曲がり切れず道路脇の斜面に転落、15名が死亡し、26名が負傷。

③2022（令和4）年10月　静岡県貸切バス横転事故
　貸切バスが富士山5合目からの下り坂カーブで横転、1名が死亡し、27名が負傷。


　これらの事故の多くは、法令を遵守しない極めてずさんで悪質な運行管理により発生したものであると考えられます。

　軽井沢スキーバス事故においては、運転者が制限速度の2倍近い時速96キロメートルで走行していた上、大型バスの運転経験がほとんど無かったことが報告されています。それに加え、運転者は健康診断を受診しておらず、また運行指示書に途中経路の記載が無かったことや、到着していないにもかかわらず点呼簿に到着点呼を実施した記録があるなど、適切な運行管理をしていたとは言えない状況で運行しており、起こるべくして起きた事故であると言わざるを得ません。

　現行の法制度は、過去の悲惨な事故を教訓として策定され、積み上げられたものであり、法令を遵守してきちんとした運行管理を行っていればこのような事故は発生しなかったと考

軽井沢スキーバス転落事故現場に建立された慰霊碑
（出典：日本バス協会）

えられます。また、貸切バスの過当競争を防ぐなどの対策も、安全確保には極めて重要なことです。悲惨なバス事故を二度と繰り返さないためにも、法令遵守は絶対であるということをバスに関わる全ての方々が認識する必要があります。

(3) バス事業における運行管理の重要性

運行管理は安全運行の根幹をなすものであり、運行管理者は安全運行の全責任を負い、人命を守るための極めて重要な職務を果たさなければなりません。運行管理者がきちんとした運行管理を行い、運行指示を正しく行っていれば、過去に発生した大半の悲惨な事故は防げていたと考えられます。そのため、運行管理者に選任されるには、国家資格である運行管理者試験を受ける必要があるのです。

この運行管理者制度についても長い歴史があり、かつては実務経験に加え、講習を数回受講しただけで運行管理者資格を手に入れることができる時代もありました。ただ、一度手に入れた運行管理者資格は、永久有効となっています。試験を受けて数年経過すれば法令も改正されます。運行管理者は極めて重要な職務を遂行する以上、この制度については何らかの対策が必要ではないでしょうか。

運行管理は、バス事業において、安全性と利便性を向上させるために非常に重要な要素です。適切な運行管理を行うことで、バス事業は利用者のニーズに応えるだけでなく、事故リスクを低減し、安全で快適なサービスを提供することができます。今後も運行管理の改善や技術革新が進むことで、バス事業の安全性と利便性が一層向上することを期待しています。

近年、運行管理においてデジタル技術の活用が進んでいます。デジタル化によって運行管理の効率化が期待されているだけではなく、確実な運行管理を行うという面においても重要な要素となってきます。

加えて、不正の根絶が可能となる点も期待できます。デジタル化で機械的に全てのデータを残すということは、結果の書き換えができないことを意味しており、不正対策につながります。特に貸切バスにおいては、デジタルタコグラフ（速度、走行時間、走行距離などを記録する運行記録機器）の設置や、アルコールチェックの画像保存、点呼の映像記録などが緊急に必要と考えられます。

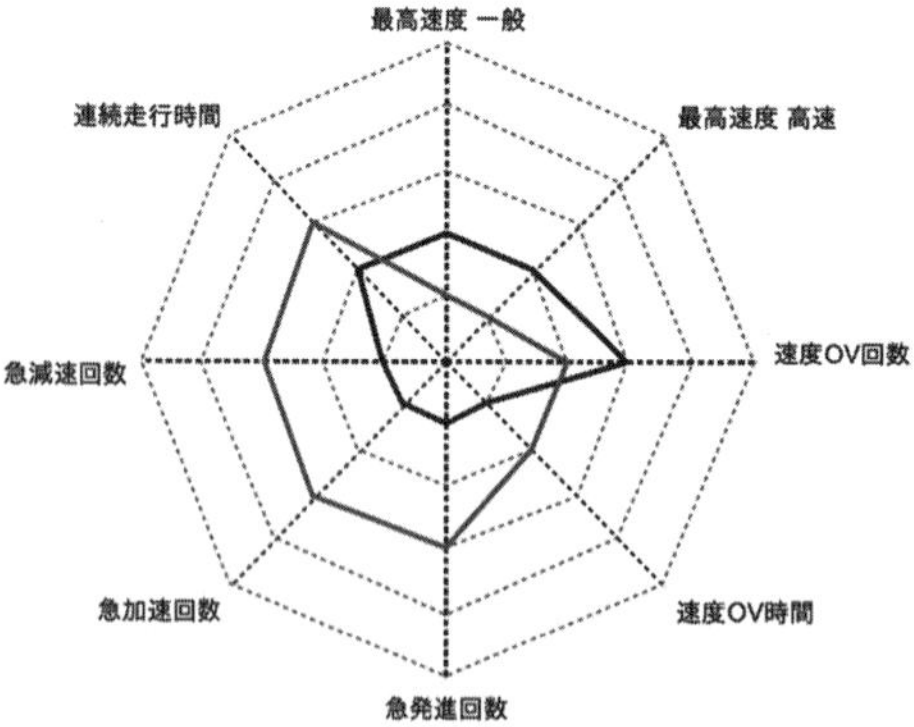

項目	実測値	点数	評価
最高速度 一般	63km/h	15	B
最高速度 高速	83km/h	15	B
速度オーバー回数	2.3回/h	15	C
速度オーバー時間	0.1%	40	A
急発進回数	0.0回/h	100	A
急加速回数	0.0回/h	100	A
急減速回数	0.0回/h	100	A
連続走行時間	3:00	80	B
安全運転評価	-	89.4	B

デジタルタコグラフを活用した乗務員の運行管理

（出典：矢崎エナジーシステム株式会社）

デジタルタコグラフで数値化されたさまざまなデータを活用して運転者の指導や安全運転意識の向上に役立てられています。

（4）アルコールチェックの義務化

アルコールが運転者の運転能力に与える影響は重大であり、事故防止のためにアルコールチェックの重要性がますます認識されるようになっています。運転者が飲酒運転によって起こす事故は、命を奪うだけでなく、企業や業界にとって大きな信頼を失わせる事態となります。そのため国は、アルコールチェックを義務化し、安全性の向上を図ってきました。

現在、バス業界においてアルコールチェックは義務化されていますが、使用されている機器は簡素なものから機械的に記録をとるものまでさまざまです。100％の確率で飲酒運転をブロックするためには、簡素な飲酒検知器によるアルコールチェックでは不十分と考えられます。

本人確認のための映像撮影と、機械的に検知結果

乗務前のアルコールチェックの様子
（出典：西日本鉄道株式会社）

データを保存できるものにすることが、まず必要ではないでしょうか。遠隔地宿泊時の電話点呼についても同様に、画像を携帯電話で転送させてデータを機械的に記録できるものにすることが必要です。簡素なアルコールチェッカーは、記録の改ざんや、なりすましが簡単に行えます。それでは点呼を実施しているとは言えません。

また、運転者全員に対する飲酒教育が必要です。飲酒に依存する生活習慣は健康管理上も問題ですし、毎日の飲酒は、いつか始業時のアルコールチェックで引っ掛かります。さらに、運転者だけでなく、その家族にも、運転者が飲酒習慣からの脱却を行うための協力を要請し、飲酒運転を発生させない覚悟が必要です。

アルコールチェックの義務化の取り組みについては、絶えず改善が求められるものであり、事業者や運転者は、常に最新の情報や手法にアップデートし、効果的な対策を継続して実施していく必要があります。

(5) 運転者の健康起因による事故の防止

バス事故の原因の一つとして、運転者の健康問題が挙げられます。近年、バス運転者が突然意識を失って発生する事故も増加しており、運転者の健康起因事故を撲滅することは緊急の課題だと思われます。

バス業界では、従来から法令で義務付けられた健康診断を運転者に受診させ、運行管理に反映してきました。しかしながら、近年発生している事故を分析しますと、健康起因の事故のいくつかは、従来の健康診断だけでは防げないことも明白になっています。

例えば、睡眠時無呼吸症候群については、従来の健康診断では発見することはできないのです。現在、国ではスクリーニング検査を推奨していますが、義務化はされていません。睡眠時無呼吸症候群は成人病を誘発するだけではなく、居眠り運転による事故を発生させる可能性もあります。国には、全てのバス運転者が無料で検査を受けることができる体制を作っていただきたいと思います。

同様のものとしては脳ドックがあります。脳の血管等の疾患は通常の健康診断では発見できない上、脳疾患の恐ろしいところは、一旦悪化した場合、なかなか回復が難しいという点です。現在、積極的に数年ごとの脳ドックを運転者に受診させている会社も増えてきました。初回検査の年齢も、従来は60歳と言わ

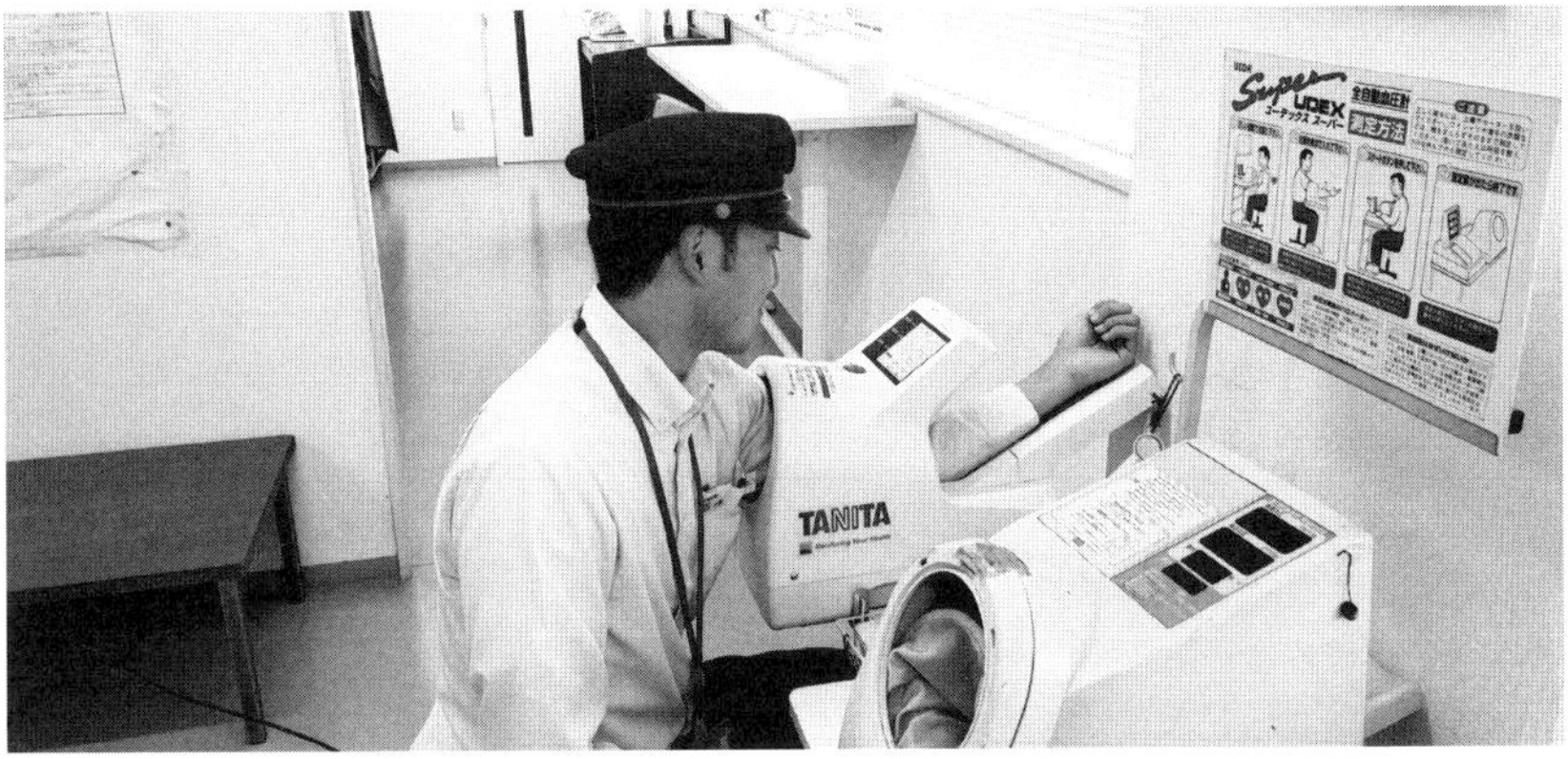

乗務前に血圧を測定する運転者
（出典：神奈川中央交通株式会社）

れていましたが、近年、50代から受診をさせている会社も増えています。脳ドックについては検査に高額の費用がかかることから、早い時期からの受診を積極的に行っている会社はまだまだ少数のようですが、脳疾患が発生した場合、確実に重大な事故につながりますので、検査を広く普及させる必要があると考えます。

始業点呼時の健康チェックは、安全運行をする上で最後の砦となります。運行管理者は、点呼時だけでなく、日頃から全運転者の健康チェックを行っていくことが、最も基本的かつ重要であることを忘れてはなりません。

(6) バス車両の安全性向上

バス車両の安全性向上は、乗客や運転者の命を守る上で大変重要な要素です。近年、さまざまな重大事故を受け、事故被害を少しでも少なくするため、国やバス車両メーカーは、車両の安全性向上を進めてきました。結果として、世界でも有数の安全性能を備えたバス車両が提供されることとなり、乗客の安全性確保に大いに貢献しています。

例えば、衝突時の被害を軽減するためのプリクラッシュセーフティーシステムや、滑りやすい路面やカーブでの事故を抑制する車両安定制御システム、走行車線からはみ出すと警報で注意喚起する車線逸脱警報システム、車両のふらつきを感知して警報で注意喚起する車両ふらつき警報システム、脇見運転や目線の状態を検知して警報で注意喚起するドライバーモニターシステム、運転者の異常時に乗客が客席からバスを停止できるドライバー異常時対応システムなどです。

これらの安全装置により、バスの安全性は格段に向上しており、事故を発生しにくくするだけではなく、万が一、発生した場合も被害を最小限に食い止めることができる安全性を確保しています。

バス車両メーカーには、今後も安全性能の向上を研究し、さらなる安全性の向上を図っていただきたいと思っていますが、バス事業者として忘れてはならないのは、車両の安全性が向上しても事故は起こり得るということです。事故撲滅の基本は、安全意識の徹底と、確実な運行管理であり、これを常に意識する必要があります。

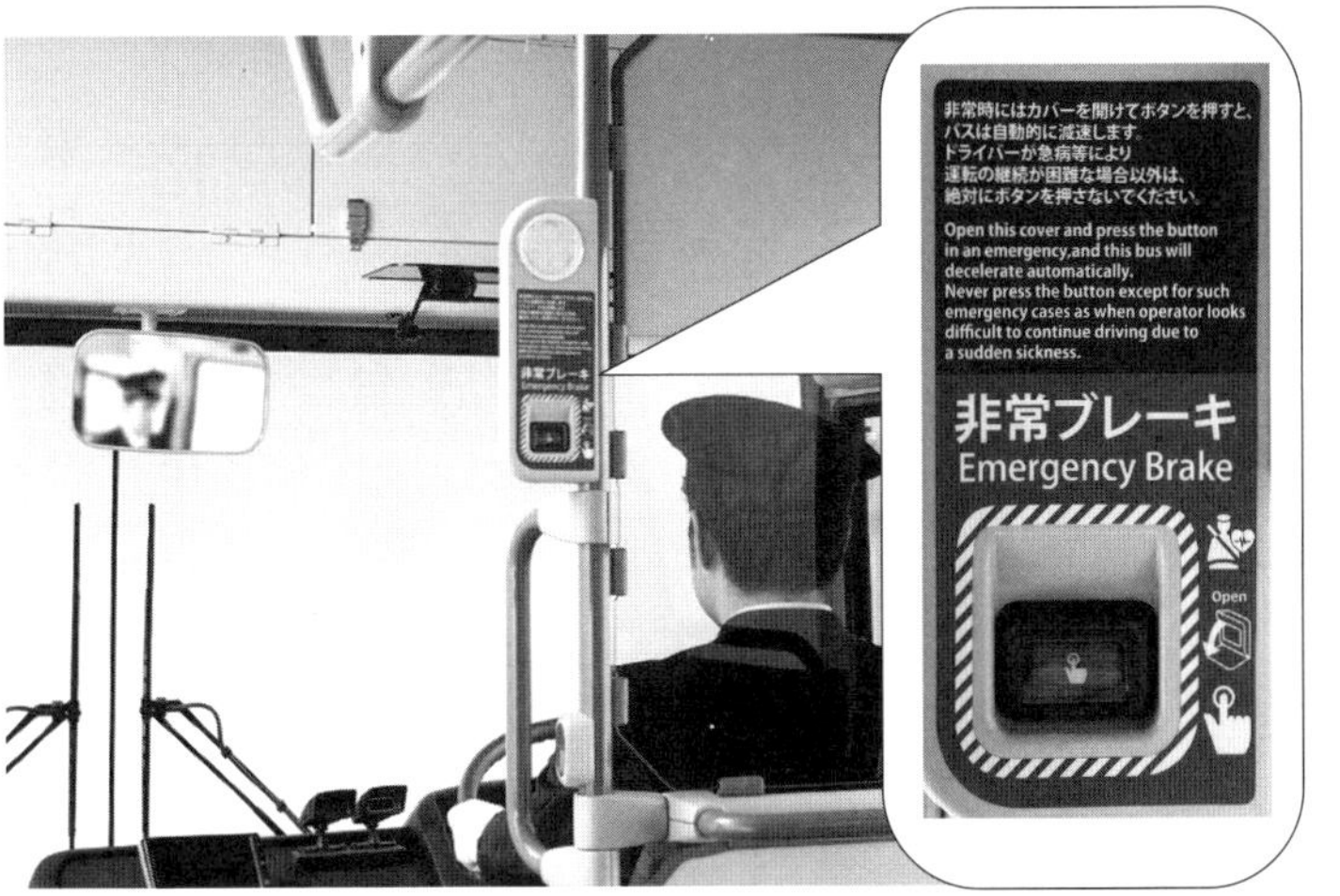

ドライバー異常時対応システム（EDSS：Emergency Driving Stop System）　（出典：いすゞ自動車株式会社）

日本のバス１２０年にあたって

一般社団法人　東京バス協会
会長　南　正人

１９０３（明治36）年に京都でバスの運行が始まり１２０年が経ちました。この間、東京のバスは、東京大空襲、バブル崩壊、２度のオリンピックの開催、コロナ禍など、さまざまな歴史の変遷がありましたが、常に首都東京の発展とともに歩んでまいりました。

東京の路線バスの輸送人員は、コロナ禍前の２０１９（令和元）年度８億２４００万人（１日当たり２２６万人）で、これは全国の路線バスの約20％を占めています。

人と環境に優しいバスの取り組みとして、ノンステップバスの導入率は、既に94％を超えており、脱炭素社会に向けて、ＥＶバスと合わせて次世代の環境自動車である燃料電池バスも98両導入するなど、先進的な取り組みを積極的に推進しています。

他方、安全・安心の確保に向けて、道路交通の混雑や交通違反など、厳しい走行環境下で大きな課題となっているのが、バスの車内事故問題です。２０２２（令和４）年の目標であったバスが第一当事者となる死亡事故ゼロは達成しましたが、残念ながら車内事故が増加しているという大変厳しい現実があります。

関東運輸局との共同添乗指導を３００件以上実施するなど、運転者の教育指導には涙ぐましい努力をしていますが、一般車両によるバスの発進妨害等、バスだけでは解決できない問題については、警視庁や自動車関係団体の協力を得て、２０２２（令和４）年度からオール東京で取り組んでいます。

「ゆずってくれてありがとう。バス停からバスが発進するため合図を出したらバスに進路をお譲りください。東京バス協会からのお願いです。」のラジオ放送（文化放送）や、ラッピングバスが都内を走っています。「ゆずってくれてありがとうキャンペーン」は、初の取り組みです。

時代とともにバスの役割も変わってまいりますが、これからも「安全・安心で人と環境にやさしいバス」の実現に邁進してまいります。

（国際興業株式会社　代表取締役社長）

「ゆずってくれてありがとう」ポスター
（出典：一般社団法人東京バス協会）

神奈川県バス事業のこれまでの発展と将来に向けて

一般社団法人　神奈川県バス協会
会長　堀　康紀

バス事業120年に当たり、お祝い申し上げます。

神奈川県では、明治の末、厚木～平塚間にホロ型自動車1両をもって運行されたのがバス事業の始まりとされており、以下のような取り組みにより大きく発展してきました。

経済成長に伴い、人口が急増し、路線網が大きく拡大された結果、人手不足に陥りました。この解決のため、1962（昭和37）年、整理券制の導入や運賃箱の改良を行い、対キロ区間のワンマンバス運行が全国で初めて開始されたほか、1970（昭和45）年には、通勤利用者のため、全国に先駆けて深夜バスの運行も開始されました。

さらに、昭和から平成にかけて、利用者利便を一層向上させるため、バス業界で初となるプリペイドカード方式で運賃の支払いができるバスカードシステムが開発され、利用者サービス改善のみならず業務合理化にもつながりました。その後、このシステムは「バス共通カード」として東京都区内はじめ他県でも導入事業者が拡大し、現在の「ICカード」の礎となったのです。

神奈川県では従前からバスの輸送機関分担率が他の地域と比べ高く、全国傾向と同様に利用者数は漸減しているものの、多くの方々がバスを利用している地域です。これは、これまでのさまざまな取り組みによる効果が少なからず表れているものと考える次第です。

　また、人手不足をはじめとする重要な課題が山積する昨今、過去においても多くの先人たちが、さまざまな難題に対し、知恵を絞り、創意工夫により乗り越えてきたことを、バス事業１２０年を契機に改めて認識し、バス業界のさらなる発展を目指していく所存です。

（神奈川中央交通株式会社　代表取締役会長）

業界初の深夜バス運行
（出典：神奈川中央交通株式会社）

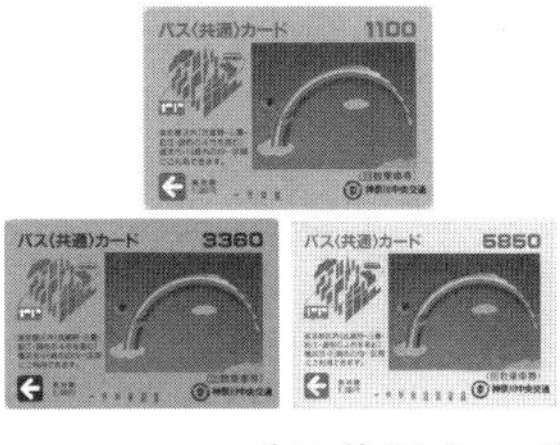

バス共通カードの券面と利用風景
（出典：神奈川中央交通株式会社）

地方乗合バスの盛衰と今後

一般社団法人　山梨県バス協会
会長　雨宮正英

山梨県および地方部の乗合バスは、大正時代に各地の地主層が集落と地域の拠点を結ぶ移動需要に着目し、輸入後ほどない自動車を使って成立させたものでした。

その後、近代化を進める社会変革の中、さらに戦後の高度経済成長期にかけて、当県の乗合バスは大いに活躍し、路線網は中山間地を網羅して最盛期を迎え、生活の足として定着していきました。

しかし、社会の成熟段階で、移動需要の担い手は自家用車に変わり、地方乗合バスは利用者の減少から苦境を迎えます。これを挽回すべくワンマン化などによる経費の削減や、運賃支払いの機械化・広域共通化による利便性向上、持続可能社会への貢献としてＥＶやＦＣＶの導入などさまざまな施策を投入し、バスを守り、路線を維持してきたわけです。

今後の日本、特に当県のような地方が極端な人口減少社会を迎えるに当たり、われわれはこれまでの民営主体の手法で乗合バスを守れるのでしょうか。

没後50年となる山梨県出身の元首相・石橋湛山氏は、記者として平和主義・小日本主義を唱え政界に進みました。国外に活路を求める「大日本」ではなく、課題は国内で対処すべきとしたのが「小日本」主義です。

翻って、次元の異なる地方バスの維持ですが、域内の生活交通需要に的を絞り、こぢんまりと欲張ることなく、かつ大胆に行政や機関が関与して必要サービス量や品質を定め、交通社会資本として責任を持って必要財源を確保してこそ、持続が可能なのだと思います。

（山梨交通株式会社　代表取締役社長）

昭和中期　山間集落への路線バス開業を祝う住民
（出典：山梨交通株式会社）

令和５年　山梨公共交通フェスタで展示中のEVバス　山梨交通・富士急バス
（出典：山梨交通株式会社）

日本のバス１２０年にあたって

公益社団法人　新潟県バス協会

新潟県のバス事業については、大正時代において鉄道事業から始まり、その後バス事業へ進出し、これまで1世紀にわたる歴史を歩んでいます。

一方、新潟県バス協会については、１９７６（昭和51）年7月に当時の先代により社団法人として正式に設立されました。石油ショックによるインフレが発生している中、新潟交通株式会社、越後交通株式会社、頸城自動車株式会社、川中島自動車株式会社等の６社により設立され、社員はこの他に蒲原鉄道株式会社、柏崎タクシー株式会社、村上自動車株式会社を含む計7社でした。これ以前までは１９７０（昭和45）年10月に任意団体として新潟県バス協会が発足しており、さらにさかのぼると、新潟県バスハイヤー協会として１９４１（昭和16）年３月に事業組合が発足しています。

新潟県のバス運行としては、１９１０（明治43）年9月に中越地方の来迎寺から小千谷間で運行したのが最初となっており、バスというより蒸気機関車のような形をした車両が記録に残っています。

現在では、地域の足となる乗合バスと観光をはじめとする地域間輸送の貸切バスが基幹産業となっています。バス事業も広域化、高度化が進み、大きな進歩を遂げている中、新潟県においても、大量輸送を目的とする連節バスや環境に対応する電気バスの導入が図られており、社会に、そして地域に貢献してまいります。

新潟市内を走る連節バス

（出典：新潟交通株式会社）

長岡市内を走るＥＶバス

（出典：越後交通株式会社）

昭和レトロな古き良き時代？

公益社団法人　長野県バス協会

寄稿に当たり過去の記録を探していたところ、協会事務局に昭和20年代後半のアルバムが3冊見つかりました。当時の専務が整理していたものと推察しますが、番号が振ってあるのに前後が無く、なぜ3冊だけ残っていたのか、理由は不明です。

アルバムからは当時の雰囲気が伝わってきます。１９５２（昭和27）年3月2日に第二回全国観光バスガイドコンクール決勝選が京都で開催され、審査員には徳川夢声、乙羽信子など著名人の名前もありました。この本選前には当時の新潟陸運局管内の予選もあり、管内のバスガイドが各県選抜を経て、ブロック予選を目指す様子もうかがうことができました。

その当時は、バス需要のピーク前で伸び代があった時代。バスガイドさんは花形職種として競って参加したことでしょう。

絶妙な案内と歌唱力による良き時代を彷彿とさせる写真です。そしてこれからの時代、外国語での案内も含めて、観光バスガイドの活躍する光景が戻ってくることを願ってもいいのかなと感じております。

長野県バス協会では、新型コロナウイルス感染拡大前までは2年毎に過去5回、「信州バスまつり」を大々的に開催しておりました。近年、台風による災害、コロナによるイベント自粛、加えて減収による業界側の体力や資金面での制約により、まつりそのものが開催できずにいますが、これもやがて再開できることを切に願っております。

プログラム

一 開會の辭
實行委員會々長　伊能繁次郎

一 祝辭
運輸大臣　村上義一
全日本観光連盟會長　佐藤尙武
日本交通公社會長　高田寛
京都府知事　蜷川虎三
京都市長　高山義三

一 出場選手入場式

一 第二部審査員紹介

一 第二部コンクール

休憩（十五分）

一 第一部審査員紹介

一 第一部コンクール

一 アトラクション

（A）観光バスの歌
作詞　火野葦平
作曲　服部良一
樂團スポットライターース
寶とも子

（B）島原太夫道中

一 コンクール入賞者發表

一 講評

一 賞品授與式

一 閉會の辭
實行委員會副會長　川本直水

審査員

徳川夢聲（文化放送）
坪内士行（社會批評）
澁澤秀雄（〃）
大谷龍三（松竹京都撮影所長）
松浦晋（大映京都撮影所支配人）
轟夕起子（映畫女優）
三浦光子（〃）
乙羽信子（〃）
大谷智子
千嘉代子
火野葦平（作家）
西崎緑（舞踊）
寺田竹雄（畫家）
伊能繁次郎（日本乘合自動車協會々長）
片岡義信（日本國有鐵道自動車局長）
山田新十郎（日本観光自動車聯盟會長）
高田寛（日本交通公社會長）
津田弘孝（日本國有鐵道營業局長）
中村豐（運輸省自動車局長）
間嶋大治郎（運輸省観光部長）
武部英治（日本観光連盟事務局長）
石塚秀二（日本乘合自動車協會理事長）
高山義三（京都市長）
田中茂（毎日新聞大阪本社事業部長）
三宮吾郎（いすゞ自動車社長）
柴田吟三（大阪陸運局長）
大町北造（日本自動車々體協會長）
島浦精二（NHK大阪局放送部長）

昭和27年3月　全国観光バスガイドコンクール　決勝選プログラム

（出典：公益社団法人長野県バス協会）

日本のバス事業１２０年に寄せて

公益社団法人　富山県バス協会
副会長　見角　要

富山県と長野県に跨る「立山黒部アルペンルート」は、富山地方鉄道の電鉄富山駅から長野県のＪＲ信濃大町駅まで約90キロメートルの区間の総称です。その中でも立山山麓の麓、立山駅から美女平、室堂、黒部ダムを経て、長野県の扇沢駅までの約37キロメートルを通常「立山黒部アルペンルート」と呼び、その内、美女平～室堂間の約23キロメートルの区間において、一般乗合旅客自動車運送事業として路線バスを運行しているのが、当社の立山高原バスです。

その37キロメートルの区間では、そのほとんどの乗り物が電化されていますが、立山高原バス区間のみが、未だに電化されていません。

１９９５（平成7）年、同区間において、１００％バッテリーによる路線バスの運行実験を行いましたが、ほぼ全線で勾配があり、場所によっては12％（平均６・６％）と強くなります。当時は空荷でさえ走行することが出来ず、導入はやむなく断念せざるを得ないとの結論に至りました。

そのため１９９８（平成10）年より、少しでも排気ガスをきれいにしようとハイブリットバスを導入することとなり、以後２０１４（平成26）年度まで毎年3両ずつ更新を続けてまいりました。

その後、ディーゼルエンジンの排気ガス性能が格段に向上した事で、２０１５（平成27）年以降２０２０（令和２）年まではクリーンディーゼルのバスを導入し、現在に至っています。

近年では、全国各地でEVバスが普及しており、いずれ立山においても導入を検討する時が来るものと思っていますが、やはり立山は山岳高所で勾配も強く、また気象条件の大変厳しい高山故に、導入に至るには、まだまだ時間がかかるものと思っています。

今後さらにEVバスの性能が向上し、無理なく営業運転出来るようになれば、37キロメートル区間の全線での電化が叶うでしょう。それは自然保護と環境保全を企業理念とする当社の「立山黒部アルペンルート」にとって、大変有意義で画期的なものになると期待しています。

（立山黒部貫光株式会社　代表取締役社長）

紅葉と立山ロープウェイ
（出典：立山黒部貫光株式会社）

雪の大谷ウォーク
（出典：立山黒部貫光株式会社）

第4章　観光を起爆剤に攻めのバス事業を

第４章　観光を起爆剤に攻めのバス事業を

（１）観光振興におけるバスの役割

　観光振興において、バスは大きな役割を担っています。高速バスなど遠距離の観光地へのアクセス手段としてはもちろん、特に、観光地を巡る貸切バスは、大変有効に活用され、日本の観光に無くてはならない存在となっています。また、日本での大規模な観光イベントの際にも多くの貸切バスが必要になることから、わが国の観光振興にとって、貸切バスそのものが大事な観光インフラになっていると言えます。地域の観光や経済の活性化にも欠かせません。地域の二次交通としてもバスは重要な役割を果たしているのです。

　車両の面でも、オープントップバスや、２階建てバスなど、乗って楽しむことができるバスも増えてきています。単なる移動手段としてではなく、バスに乗ること自体を観光体験として楽しめることが求められます。

　バスは、観光振興において多様な役割を担っており、今後、その重要性は高まることが期待されます。

街中を運行するオープントップバス

（出典：日の丸自動車興業株式会社）

（出典：西日本鉄道株式会社）

（2）都市間を結ぶ高速バスの発展

都市間を結ぶ高速バスは、遠距離の交通手段として、近年利用者が大きく増加し、発展してきました。高速バスの利点は、運賃が比較的安価であること、深夜や早朝に運行され時間を有効活用できること、都心部からのアクセスが良いことなどが挙げられます。

特に、四国に3本の架橋が完成すると同時に、数多くの高速バス路線が開設され、高速バスが飛躍する契機となりました。

各社は3列シート車両の導入など快適性やサービス向上を図りつつ、ネット販売の拡充や各種キャンペーンなどで顧客への浸透を図ってきました。

近年、高速バスは、新型コロナウイルス感染症の影響を大きく受けました。航空機や鉄道に比べて、未だ回復は遅れています。運転者不足により、運行

高速バスのりば（新宿高速バスターミナル）
（出典：新宿高速バスターミナル株式会社）

便数が十分に回復できず、減便したまま固定されている路線もあることから、本格的な回復にはまだ時間を要すると予想されます。高速バスは多くのバス会社にとって重要な収益源であるだけに、コロナ禍における高速バスの需要低迷は、非常に厳しいものとなっています。早期に高速バスの需要を回復していく必要があります。

(3) 増加するインバウンド旅行客への対応

2020(令和2)年の新型コロナウイルス感染症の発生前までは、日本のインバウンド旅行客は飛躍的に増加を続け、年間3000万人を突破するという状況でした。これによりバス業界も、訪日外国人ツアー向けの輸送が増大し、大きな需要となっていました。しかしながら、コロナ禍によってインバウンド関連の需要は消滅し、観光目的で来日することさえできなくなった時期が長期間続いたのです。コロナが少しずつ落ち着きを見せる中、ようやく日本の街中でも、外国人の姿を見かけるようになってきました。

国においては、インバウンド需要を回復させ、日本の観光業を復活させる、その関連施策の実施に向けて大きく舵を切り直し、コロナ禍の3年間に動けなかった世界的な旅行需要を大きく取り込むべく全力を挙げていると認識しています。バス業界としても、それらの需要を受け入れるべく、万全の体制を取る必要があります。

バスの車内は、外国人観光客が利用しやすいように、多言語対応や、Ｗｉ‐Ｆｉサービス対応も増えてきており、スマートフォンやタブレットを使って、リアルタイムで情報を得たり、ＳＮＳで現地の様子をシェアすることが可能になっています。

　近年のデジタル化の進展により、観光においてもデジタル技術の活用が重要になっています。バスにおいてもさまざまなデジタル技術が導入されており、観光客にとって便利で効率的なサービスが提供されています。例えばスマートフォンのアプリでは、観光客は自分でバスの時刻表やルート検索を簡単に行うことができます。また、バスの予約や決済もアプリ上で完結させることが可能になっており、手間が省けるだけでなく、言語の壁も取り払われます。

　日本のバスにとって、インバウンド観光客の利便性向上に貢献していくことが、今後さらに重要となってきます。

多言語標記の高速バス発券カウンター
（出典：新宿高速バスターミナル株式会社）

（4）ダイナミックプライシングの今後

ダイナミックプライシングは、需要と供給のバランスに基づいて価格をリアルタイムに変動させる戦略です。航空業界やホテル業界ではすでに広く導入されており、観光業界でも徐々に導入が進んでいます。バス業界においても、高速バスにおいて、ダイナミックプライシングの導入が進んでいくなど、今後の展開が期待されます。

ダイナミックプライシングが導入されることで、利用者には柔軟な価格設定による多様なサービスが提供されるメリットがあります。オフピーク時には割引運賃が提供されることで、利用者はより安価にバスを利用できるようになります。一方で、ピーク時には適正な運賃が設定されることで、需要と供給のバランスが改善されることが期待され、バス事業者は収益性の向上が期待できます。

ダイナミックプライシングの導入には、データ分析やデジタル技術を活用した運賃設定が必要となります。過去の利用実績や季節・曜日・時間帯などの要因を考慮した運賃設定が可能となり、より効果的なダイナミックプライシングが実現されることになります。

（5）移動手段から、乗って楽しいバスへ

近年、観光バスのサービスが多様化し、移動手段としての役割だけでなく、乗って楽しむことがで

きるバスが増えています。これは、観光立国を目指す日本において、観光客に新たな魅力を提供し、バス業界全体の活性化に寄与するものとなっています。

例えば、観光バスの中で食事や飲み物を提供する「レストランバス」や、バス車内でエンターテインメントを楽しめる「エンターテインメントバス」などが登場しています。

また、サイクリングが観光の面でも注目されており、自分の自転車で日本の観光地を巡りたいという需要も増えてきています。そのため、バスで自転車を輸送するサービスも登場しました。例えば、バスに設置されたラックに自転車をそのまま固定し輸送できるサービスや、貸切バスで20台程度の自転車と乗客を積載可能な車両も登場しています。

特に四国では、しまなみ海道サイクリングや四国一周サイクリングについてプロモーションを行っており、世界的にサイクリングが盛んな地域からの来客も見込めるため、国際的な観光振興の意味でも大きな意義があります。今後も各地で多くのサイクリングバスが登場することが期待されます。

自転車をそのまま搭載できるサイクリングバス

（出典：株式会社伊予鉄グループ）

石川県のバス事業の歩み

公益社団法人　石川県バス協会
会長　宮　岸　武　司

石川県内の乗合バス事業は、１９０７（明治40）年頃許可され、運行を開始しました。

民営会社の北陸鉄道株式会社は、１９４３（昭和18）年に統制会社令の公布を受け、県内7社の鉄道・バス会社が合併して発足しました。また、国営バス（現 西日本ＪＲバス株式会社）は、１９３５（昭和10）年に穴水～能登飯田、金沢～古屋谷線の運行を開始した後、能登・金沢エリアへ路線を拡大してきました。

鉄道からバスへの転換が進む中、１９６７（昭和42）年、北陸鉄道の金沢市内電車の廃止をきっかけに、県内の公共交通の主流がバスへと切り替わります。その後、乗合バス事業は、モータリゼーションの波に飲まれて１９６８（昭和43）年をピークに輸送人員が減少傾向を辿り、利用者離れに歯止めがかかりませんでした。そんな中、北陸鉄道では全国的にも珍しい男性ガイドを定期観光バスに起用したほか、金沢都市圏にバスロケーションシステムやＩＣカード等、最新技術を用いたサービスを早期に導入するなど、利用促進に取り組んでまいりました。

一方、貸切バス事業は１９４８（昭和23）年頃から定期観光バスや修学旅行等の需要増加と能登半島ブームを経て、娯楽が乏しい時代の手頃なレジャーとして発展してきました。

２０１５（平成27）年の北陸新幹線金沢開業により、貸切バスや観光乗合路線が賑わいをみせており、２０２４（令和６）年には福井県まで延伸することで北陸三県が約1時間で結ばれることになります。小松と能登の二つの空港、２０２０（令和２）年に完成した金沢港クルーズターミナル、文化の薫り高い石川県へ陸・海・空から訪れる人々の二次交通として、バスの役割がますます期待されます。

（北陸鉄道株式会社　代表取締役社長）

金沢駅前バスターミナル（昭和 45 年）

（出典：北陸鉄道株式会社）

石川門と周遊バス

（出典：北陸鉄道株式会社）

バス事業１２０年に寄せて

公益社団法人　福井県バス協会
会長　岩　本　裕　夫

福井県でのバスの歴史は、敦賀～ウラジオストクの定期航路の開設に関連して、１９１２（明治45）年に敦賀～小浜間の乗合運行が始まりと言われています。昭和には市民の足として定着し、戦後の再起を目指す最中に起こった福井地震では、バスが路線を延長して壊滅的な状況からの復興を担ったほか、県内各地で次々と廃線になる鉄道の代替輸送の役割も果たしました。

近年、福井県は世帯当たりの自家用車の普及台数が全国1位となり、くるま中心の生活が定着し旅客の減少が続いていますが、自治体や地域からは公共交通の必要性に対する理解が深く、路線の維持や活性化に注力しています。特にコミュニティバスは、それぞれの自治体や沿線住民が積極的に関わり、知恵を出し合って運行されてきました。

アフター・コロナにおける生活様式の変化によって、ますますコミュニティが希薄となる中、まちと人をつなぐ役割が大事です。時折、お客さまから路線バス運転者の接客接遇に感謝の手紙をいただくことがあり、バスが人のお役に立ち、必要とされていることに喜びを感じます。貸切バスも旅行など娯楽を提供し、熱戦のスポーツ大会や文化イベント、会社や学校行事において、バスはその思い出づくりにも携わってきました。

福井県では、北陸新幹線の敦賀延伸まで1年を切り、全国のお客さまをお迎えする準備を進めています。また、多様化する地域の要望にお応え出来るよう他の交通機関との連携や役割分担をしながら、将来にわたり県民の皆さんと共に発展を果たしたいものです。

（京福バス株式会社　代表取締役社長）

昭和35年の福井駅西口広場

（出典：京福バス株式会社）

日本のバス120年に当たって

公益社団法人　岐阜県バス協会

この度は、バス事業が京都で運行が始まって120年を迎えるに当たり、心よりお祝い申し上げます。

この120年間、戦中・戦後、高度成長期を経て、今に至る日本の発展に寄与してきたわが業界は、モータリゼーションの発達や人口減少による利用者の減少に加え、コロナ禍の影響により過去にない観光事業の低迷を経験しています。また、今後の事業継続を左右する「運転者不足」という課題の渦中にあって、まさに「バス危機の時代」を迎えています。バス事業の今後の発展を期するには、路線バスにおいては「安全・安心」に加え、利用者からのこれまで以上に求められる「便利（さ）」の提供とともに、貸切事業においては、バス旅行だからこそ提供できる「独自の魅力」を模索し発信していくことがキーポイントになるのではと感ずるところです。岐阜県は、中部の観光ルートである『昇龍道』に、中部山岳の峰々に抱かれた世界遺産〝白川郷〟、〝飛騨高山〟＆〝奥飛騨温泉郷〟、日本三名泉に数えられる〝下呂温泉〟や長良川流域の〝鵜飼い〟並びに〝郡上踊り〟などの無形文化遺産等々、魅力ある観光地が点在していることから、これまで以上に岐阜県の魅力を「知ってもらい」、「訪れてもらい」、「バスを利用してもらう」事が、業界の活性化に繋がると思います。

今般「日本のバス120年」を迎えるに当たり、岐阜県では、「いつも安全・安心で便利なバス」、「魅力あるバス旅」の思いを発信し、「Let's begin（とにかく何か始めよう、進めよう）」の精神で、この荒波を乗り越えていく所存です。

皆さん！　この難局を乗り越えてまいりましょう！

日本のふるさと 『世界遺産　白川郷』

（写真提供：岐阜県白川村役場）

『岐阜城に名月昇るこの雲間』－岐阜市観光フォトコンテスト 2022 グランプリ作品－

（写真提供：公益財団法人岐阜観光コンベンション協会）

地域交流からはじまる新しい観光

一般社団法人　静岡県バス協会
会長　川井敏行

２０２１（令和３）年、コロナ禍による人流抑制の中、中部横断自動車道が新清水ＪＣＴ（静岡県）から双葉ＪＣＴ（山梨県）まで、全線開通しました。

地方に住む多くの人は首都圏とのアクセスや位置関係で自分の位置を習慣的に認識しています。地方で需要の高い高速バス路線は東京、大阪などの大都市圏方面が多く、私たちの頭の中には東西の横長地図がいつも描かれている気がします。

一方で静岡市から東京ディズニーランドまでの距離と長野県軽井沢までの距離はほぼ同じ１５３キロ、中部横断自動車道は移動時間を大幅に短縮し、所要時間も大差なくなりました。

地図を「東西」から「南北」へ縦にひっくり返すだけで、新しい移動方向が見えてきます。

中部運輸局さまが提唱する「昇龍道プロジェクト」は、まさに東海北陸地域を縦方向に往来する新たな観光ルートづくりです。列島を縦断するこのプロジェクトに、バスの持つ利便性、機動力が大きく発揮される可能性があります。

「地方と地方」の交流の活発化は今までにない需要を創出します。そのためには多世代にわたって地方の文化、歴史、食べ物に触れる機会を大事に育てていくことが肝要です。大河ドラマ『鎌倉殿の13人』『どうする家康』をきっかけに、静岡県内の観光地の駐車場には山梨ナンバーや長野ナンバーの車が一気に増えました。

バス１２０年、地方と地方の地域間交流を市民レベルで活性化していくことが、日本社会をより豊かにしていく第一歩になるのではないでしょうか。新たな点と点を結び、新しい道を切り開き、それが面となって新しい文化が誕生します。その中でバスの果たす役割は決して小さくありません。

（静岡鉄道株式会社　代表取締役社長）

「静岡甲府線」運行再開の出発式

（出典：静岡鉄道株式会社）

日本のバス120年にあたって

公益社団法人　愛知県バス協会
会長　清水良一

愛知県におけるバス事業は、コロナ禍の影響により過去に経験のない大変厳しい経営状況を強いられてまいりましたが、企業努力や国、関係自治体の支援もあって、何とか乗り越えようとしています。

愛知県でバスが大きな活躍を見せたのが、２００５（平成17）年の「愛・地球博」における観客輸送です。財団法人２００５年日本国際博覧会協会からバス協会が直接受託し、開催2年前からバス協会内に「愛・地球博バス輸送対策特別委員会」を設置し、会員事業者の協力による万全の体制で、成功裏に輸送を完遂いたしました。この時に入場者の4割強にあたる９３３万人余が駐車場シャトルバス、直行バス、貸切バスにより来場されました。また万博会場内ではＩＭＴＳ[※]が専用道にて3台の隊列で自動運転を行い、分岐点からは有人運転で分離するデュアルモード走行を、二つの会場間では燃料電池バスが観客輸送を担いました。これらの運行についても会員事業者が運行管理等に携わり、安全運行を完遂したほか、現在市販されている燃料電池バス実用化への足掛かりになったものと自負しております。

また、愛知県バス協会が事務局を務める中部バス協会が全国に誇れるものとして、今年で69回目となります「中部バス協会技術委員会」があります。中部5県（47回までは7県）持ち回りにより大会を継続して開催してまいりました。そこで当委員会が発刊した「研究報告」は、まさにバスの技術的発展の記録としても非常に価値があるものと思われ、今後もさらなる技術の研究・開発、また安全・安心なバスを目指して、取り組みを継続してまいります。

最後に、２０２６（令和8）年に愛知県を中心に開催が予定されている、第20回アジア競技大会、アジアパラ競技大会では、１万人前後と言われる選手および関係者のほか、多くの観戦者を、愛知県をはじめ近隣の応援も仰ぎながらバスで輸送する大役が控えています。関係者と連携してしっかりと対応してまいります。バスは公共交通機関としての役割のほか、地域の大規模輸送を機動的に担うなど、社会的インフラとしての重要性も一層増しておりますことから、われわれバス事業者も決意を新たにしっかりと対応してまいります。

（名鉄バス株式会社　代表取締役社長）

名古屋駅（名鉄バスセンター）の万博会場直行バス乗車風景
（出典：名古屋鉄道株式会社）

県内各地からも万博会場への直行バスが活躍しました
（出典：名古屋鉄道株式会社）

（※）IMTS = Intelligent Multimode Transit System

日本のバス１２０年にあたって

公益社団法人　三重県バス協会
前会長　竹　谷　賢　一

三重県は紀伊半島の東側、日本のほぼ真ん中に位置しています。

古来より日本の東西文化の境界とも言われ、現代においても大都市・名古屋と大阪の中間地域であることから、県の北・中部は中京圏と、西・南部は関西圏との結び付きが強く、両方の文化が共存しています。

産業面では石油化学コンビナートや自動車産業などの製造業が盛んで、近年は半導体や液晶など先端技術型工業が新たな活力を生み出しています。

観光面では日本人の心のふるさととして親しまれている「伊勢神宮」、世界遺産「熊野古道」、忍者で有名な「伊賀上野」など自然や名所旧跡に恵まれ、日本有数のレジャー施設である「ナガシマリゾート」や「鈴鹿サーキット」も国内外から多数の観光客が訪れています。

中でも大小無数の島々と複雑な海岸線が美しい景色を織りなす伊勢志摩国立公園の「リアス式海岸」は特に有名で、２０１６（平成28）年に第42回主要国首脳会議（伊勢志摩サミット）が開催され、本年はＧ７交通大臣会合の会場となるなど、国内外から高い注目を集めています。

こうした自然や文化に恵まれた地域で、会員各社は日常生活やビジネス、レジャーに欠かせない交通手段として安全・安心・安定、そして快適な輸送に努め、県民の皆さまの暮らしや産業・観光を支えています。

また旺盛な観光・通勤需要に応えるため連節バスの導入や、豊かな自然環境を守るためＥＶバスの導入も積極的に進めています。
皆さまも機会がございましたら、ぜひ三重県にお越しください。

（三重交通株式会社　代表取締役会長）

伊勢志摩国立公園
（出典：公益社団法人伊勢志摩観光コンベンション機構）

連節バス「神都ライナー」
（出典：三重交通株式会社）

第5章　社会を変える地方創生の処方箋

第5章　社会を変える地方創生の処方箋

(1) バス路線と都市計画

都市計画において、公共交通の路線網をどう考えるかは大変重要な位置付けとなります。バス路線は、細かくバス停を整備することができ、さまざまなルート、運行時間帯を選定できることから、まちづくりや、地域の活性化に大きく寄与することができます。

また、環境面でもバスは都市に欠かせない存在です。公共交通の利便性が向上することで、マイカーからシフトし、渋滞や大気環境の改善が期待されます。ＥＶバスなど環境負荷の低いバス車両の導入によっても、都市の環境面の課題解決に貢献しています。

現在、全国各地で、駅前広場の再整備事業が行われており、バリアフリーを取り入れた利便性の高いターミナルとして整備されています。このような取り組みは、大いに進めていただく

姫路駅前バスターミナルと駅前を運行する路線バス
（出典：神姫バス株式会社）

ことを期待しています。

今後、都市計画とバス路線が連携し、持続可能な都市の実現に向けて取り組んでいくことが重要です。

(2) 日本におけるBRT

BRT (Bus Rapid Transit) は、海外で発展してきた新しい交通システムですが、日本でも幾つかの都市で導入されており、都市交通の効率化や利便性の向上に貢献してきています。東日本大震災の際も、交通確保の新たな手段として利用されました。また、連節バスを組み合わせ、大量輸送を可能としたケースも多く見られます。

地方都市では、過疎化や人口減少に伴い、鉄道の廃止というケースも考えられますが、その際の選択肢の一つに、BRTの導入があります。ただし、鉄道に比べれば整備費用が抑えられるとは言えますが、専用レーンの確保など整備コストのためには、公的な支援が必要となります。

鉄道廃線跡地のバス専用道を運行するBRT
(出典：東日本旅客鉄道株式会社)

日本におけるＢＲＴの未来には、都市や地方の交通インフラとして大きな成果を上げることも期待できます。まちづくりや地域活性化に寄与し、持続可能な都市開発に貢献することができる交通手段の一つとなるのではないでしょうか。

（３）鉄道の廃止におけるバスの役割

バスは公共交通の最後の砦と言われます。それくらい、バスは期待されているとも言えます。

近年、特に地方においては、人口減少や鉄道の利用者の減少により、鉄道路線の廃止が検討されるケースがあります。こうした場合に、鉄道に代わる交通手段として、バスが一つの解決策となり得ます。鉄道に比べれば維持コストが低いことから、鉄道の廃止の代替はバスという考えもあるでしょう。とは言え廃止される鉄道も、乗客が少ないために廃止されるわけであり、バスへの代替で問題が解決するというほど単純な話ではないように思います。

今後も各地域において、鉄道路線の維持に関するさまざまな協議がなされると考えられます。鉄道を残してほしいという陳情に、車で来られる方がいるという話もよく聞きます。公共交通を応援するということは、公共交通に乗っていただくことだと思っております。全ての路線は、お客さまに乗っていただくという応援で成り立っています。公共交通は、地域の発展やコミュニティ形成にとって大切な要素です。地域の皆さまが、地域にあるべき交通を自らの問題として考える時が来ていると考えます。

日本のバス120年に当たっての寄稿

一般社団法人　滋賀県バス協会
会長　田畑太郎

120年の間、バスは地域の公共交通機関として、また観光や企業の送迎にと多くの役割を果たし、事業は大きく発展を遂げました。その間、2度の世界大戦、頻発する大地震、新型コロナウイルス感染症など多くの困難な出来事を経験し、取り巻く環境も大きく変化する中、その都度、英知を結集して乗り越えてきたのではと思っています。

現在、バス業界は大きな変革期の真っただ中にあり、各市町では地域のまちづくりと一体となった持続可能な公共交通を目指し、地域公共交通計画の策定作業などが進められています。こうした中、滋賀県で取り組まれた事業を2点ご紹介します。いずれも人口減少が進む地域の移動手段をいかに確保し、地域住民のニーズにどう応えていくのかという命題の解決に向けた取り組みです。

① **道の駅「奥永源寺渓流の里」を拠点として実施された自動運転の実証実験**

コミュニティバスと自動運転サービスとの接続、観光、道の駅への農作物の出荷などさまざまな利用形態を模索した取り組みとして行われ、今後は地域の足として実装に向けた取り組みが期待されています。

② **日野町で実施されているAIを活用したオンデマンド交通の実証実験**

デマンド交通は多くの地域で住民の足として導入されていますが、滋賀県内で初めてAIを活用したオンデマンド交通の取り組みが行われました。営業路線やコミュニティバスだけでなく、地域住民の足としてよりよいシステムの構築に期待したいと思っています。

毎週日曜日に開催される朝市へ向けて、周辺の農作物を安価な料金で搬送
（資料提供：道の駅「奥永源寺渓流の里」を拠点とした自動運転サービス　地域実験協議会）

（資料提供：日野町公共交通活性化「わたむき自動車プロジェクト」）

次の100年に向けて、バスがより使いやすい交通手段として地域の足を支え、多くの出会いを生み、人々の暮らしを豊かにし続けられるよう、皆さまの期待に応えられればと思っています。

（滋賀観光バス株式会社　代表取締役社長）

日本のバス１２０年にあたって

一般社団法人　京都府バス協会
会長　鈴　木　一　也

バス事業の運行が京都で始まって１２０年。振り返ってみると、馬車や人力車の時代から、日本のバス事業の発展は、当然のことながら、隔世の感があります。前半は、昭和初期のモータリゼーション華やかなりし時（写真参照）もありましたが、世界大戦を含め、その後の復興など艱難辛苦の連続でした。公共交通事業者は、地域密着型であるがため、「荒波を避けて船を進めよ」（ホメロス）というわけにはいかず、どちらかというと真正面から荒波をかぶり、乗り越えてきました。

現在は、コロナ禍の影響を受け、ネットワークが急速に進化してきたことに伴う人流の減少や、ロシアのウクライナ侵攻等に端を発した燃料コストの増加など、バス事業者を取り巻く経営環境は、経験したことのない逆境下にあるといっても過言ではありません。加えて、今後、急速に進む日本の人口減少や世界的な取り組みである環境問題といった大きな課題があります。これらは、当然のことながら国および自治体、そしてバス事業者全体で連携して取り組んでいかなければなりません。大阪の夢洲（ゆめしま）で、２０２５（令和７）年4月13日から10月13日まで、日本国際博覧会（大阪・関西万博。テーマは、「いのち輝く未来社会のデザイン」）が開催されますが、世界中のお客さまがお見えになるこの万博において、これらの課題に対しての日本の公共交通のビジョンが描かれることになります。

とにもかくにも、日本バス協会は幾多の荒波を乗り越えてきた知恵と経験があります。清水会長を先頭に、私たちバス事業者が一丸となり、「nothing is impossible（不可能なことはない）」という自信と勇気をもって、〝前へ、次へ、その先へ〃進んでいかねばなりません。

（京阪バス株式会社　相談役）

昭和６年頃の名所遊覧バス、運転者とガイド
（出典：京阪バス株式会社）

昭和８年頃、桃山御陵参道に並んだ新型バスシボレー
（出典：京阪バス株式会社）

昭和 10 年頃、インターナショナル車の前に並ぶ夏姿のガイド
（出典：京阪バス株式会社）

日本のバス１２０年に寄せて

一般社団法人　大阪バス協会
会長　井波　洋

わが国でバスが走り始めて１２０年、今や私たちは１００年に一度と言われる大変革期のただ中にいます。さまざまな変化が進む中で、私は特に、①電動化と、②オンデマンド化に注目しています。

①電動化　初めて電動バスが開発されたのは１９３０年頃だそうで、１９３７（昭和12）年には大阪市電気局（現大阪シティバス）にも導入されました。しかし、当時の技術の限界から、一充電当たり数十キロしか走行できなかったようです。

21世紀に入り、蓄電池の性能が画期的に向上するとともに、電力制御の効率化や車体の軽量化なども進み、走行距離が大幅に改善しました。脱炭素の取り組みが加速する中で、大阪府下でも２０２１（令和３）年以降、各社で導入が進んでいます。来る２０２５（令和７）年開催の大阪・関西万博に向けて、本格的に電動車の導入が拡大するものと期待されます。

②オンデマンド化　１９７２（昭和47）年大阪府能勢町で、日本で初めてデマンドバスが走り始めました。当時は、過疎地域の公共交通を維持するため、効率性の改善策として実施されましたが、今もさまざまな地域で同じ課題を抱えています。

そこで、近年のＩｏＴ技術を活用し、２０２３（令和５）年2月に隣の豊能町で、ＡＩを利用したオンデマンド交通の実証実験が行われました。今後システムの改良を重ね、より便利で使いやすい交通手段として進化することが期待されます。
バスはこれからも、次々と生み出される新しい技術を活用して、人々の動きや出会いを生み出し、暮らしを豊かにし続けることでしょう。

（阪急バス株式会社　代表取締役社長）

電気バス

（出典：阪急バス株式会社）

豊能町ＡＩオンデマンド交通

（出典：阪急バス株式会社）

バス事業120年への寄稿～兵庫県のバス事業について～

公益社団法人　兵庫県バス協会
会長　長　尾　　真

バス事業120年おめでとうございます。

関西では「2025年大阪・関西万博」に向け、ようやく本格的な動きが出始めました。また万博を契機に、大阪湾ベイエリアの将来像や事業展開の方向性を示す大阪湾ベイエリア活性化推進協議会が設置され、当協会も積極的に関わっていきたいと考えています。さらに、神戸三宮エリアの再開発にあわせた新バスターミナル（2027（令和9）年度完成予定）も今年から工事が着手される予定です。また、2030（令和12）年度には神戸空港の国際化も計画されており、ますます兵庫・神戸の役割が大きくなるものと確信しております。

長期的な視点では、SDGsや脱炭素・カーボンニュートラルへの対応の中で、FCV（燃料電池バス）、EV（電気バス）の導入・拡充を進めていかねばなりません。また、自家用車から公共交通への転換は、われわれの業界がカーボンオフに向けて本来取り組むべき行動です。

一方、バス業界においては、大きな事故が発生するごとにバスへの悪い印象を持たれます。過去の反省を踏まえ、業界全体で安全確保に向けた取り組みを進めていきたいと思っています。

最後に、3年間におよぶコロナ禍による閉塞感と今までの固定概念から抜け出し、バスの可能性を追い求めたいと思っております。よろしくお願いいたします。

（神姫バス株式会社　代表取締役社長）

いずれも昭和初期頃と思われます

（出典：神姫バス株式会社）

コロナ禍の教訓～奈良県の視点～

公益社団法人　奈良県バス協会
会長　森　島　和　洋

わが国のバス事業120年に際し、奈良県におけるバス事業の将来を展望したいと思います。

さて、「奈良の鹿愛護会」によるとコロナ禍前との比較で、約2割の鹿が一時期奈良公園から姿を消したそうです。巷間、鹿が減少した原因究明の動きが盛んですが、観光客からの鹿せんべいが減り、栄養低下で子鹿の出生率が下がったという説や、奈良公園内では減少したが、餌を求めて周辺の山に分散しただけだという説もあります。

また、奈良公園の鹿はそもそも野生動物ですから交通事故が起こります。コロナ禍の3年間でも、鹿との交通事故はしばしば発生しました（「同愛護会」調査）。しかしバスは平素から、運行時には鹿に対して最大の注意を払っており、今も昔も鹿との共存は奈良県のバスの誇りなのです。

一方、バス事業は苦難の連続でしたが、将来への思わぬ気付きもありました。奈良県の人口減少は20数年前から始まりましたが、他の地方同様、毎年の減少率はわずかであるため県民の危機感は強くないと感じていました。ところが、コロナ禍で生活態様は変化し、流動人口まで減り始めました。もとよりのんびりした県民性ですが、ようやく本気モードで企業活動等の改革に取り組む人が増えたように思います。

バス事業の課題は相変わらず多いですが、わが国が観光立国を目指す中で、インバウンド観光客がさらに増加すれば大きなチャンスです。マクロの面でも、観光による交流人口は増え、定住人口の減少を少しはカバーできるかもしれません。

今後、奈良県はワンチームとなって観光需要の持続可能な受け皿となり、バス業界はそこで重要な役割を果たしていきたいと思います。

（奈良交通株式会社　代表取締役会長）

外国人観光客で賑わう奈良公園

（出典：奈良交通株式会社）

ＥＤＳＳの体感訓練実施

公益社団法人　和歌山県バス協会

２０２３（令和５）年9月20日、わが国のバス事業は１２０年を迎えます。

１世紀を超えたさまざまな経験から国は、バス運行について先進技術を利用した、より安全な対策を実施しています。２０１６（平成28）年に策定された「ドライバー異常時対応システム〝ＥＤＳＳ〟」もその一つで、急病などでドライバーが通常の運転操作が出来なくなった場合に、非常停止ボタンで運行車両を緊急停止させる装置です。現在、新型バス車両に標準装備されていますが、当初は路線バスから導入され、近年では貸切タイプにも装備車両が多くなってきました。高速運行する貸切バスなど、ひとたび事故が起これば大惨事となる可能性があるタイプの車両には、この装備が不可欠なのです。

協会では、その制御性能と乗客の皆さまにどれだけの負荷が懸かるのかについて体感するため、本年3月にこの〝ＥＤＳＳ〟の訓練を実施しました。実施場所は、和歌山県元南紀白浜空港の跡地。会員ほか約40名が乗車し、運行速度時速80キロメートル到達時に作動開始、ドライバーがブレーキを操作することなく数秒で緊急停止しました。想像以上に少ない負荷であり、先進技術の進歩に大きな安心を感じました。

避けられないヒューマンエラーを、技術革新によって少しでも補うことを可能としたこの１００年。次の１００年に続けていかなければなりません。

高速走行時ＥＤＳＳ作動
（出典：公益社団法人和歌山県バス協会）

車内ＥＤＳＳ操作ボタン
（出典：公益社団法人和歌山県バス協会）

第6章　日本の難題　人口減少へのチャレンジ

第6章　日本の難題　人口減少へのチャレンジ

（1）人口減少と少子高齢化

日本では、世界でも過去に例のない急速な人口減少と少子高齢化が進んでいます。２０４０年には日本の総人口が１億１２８４万人まで減少し、65歳以上の割合は35％に達するとされています。このような状況はバスにも大きな影響を与えています。

人口減少に伴うバス利用者数の減少に加え、燃料高騰や賃金アップ等で運行コストが上昇していく一方で、運転免許返納制度の導入や普及により、バスを含む公共交通への需要は一層高まっています。今後のバス交通の在り方が問われている状況です。

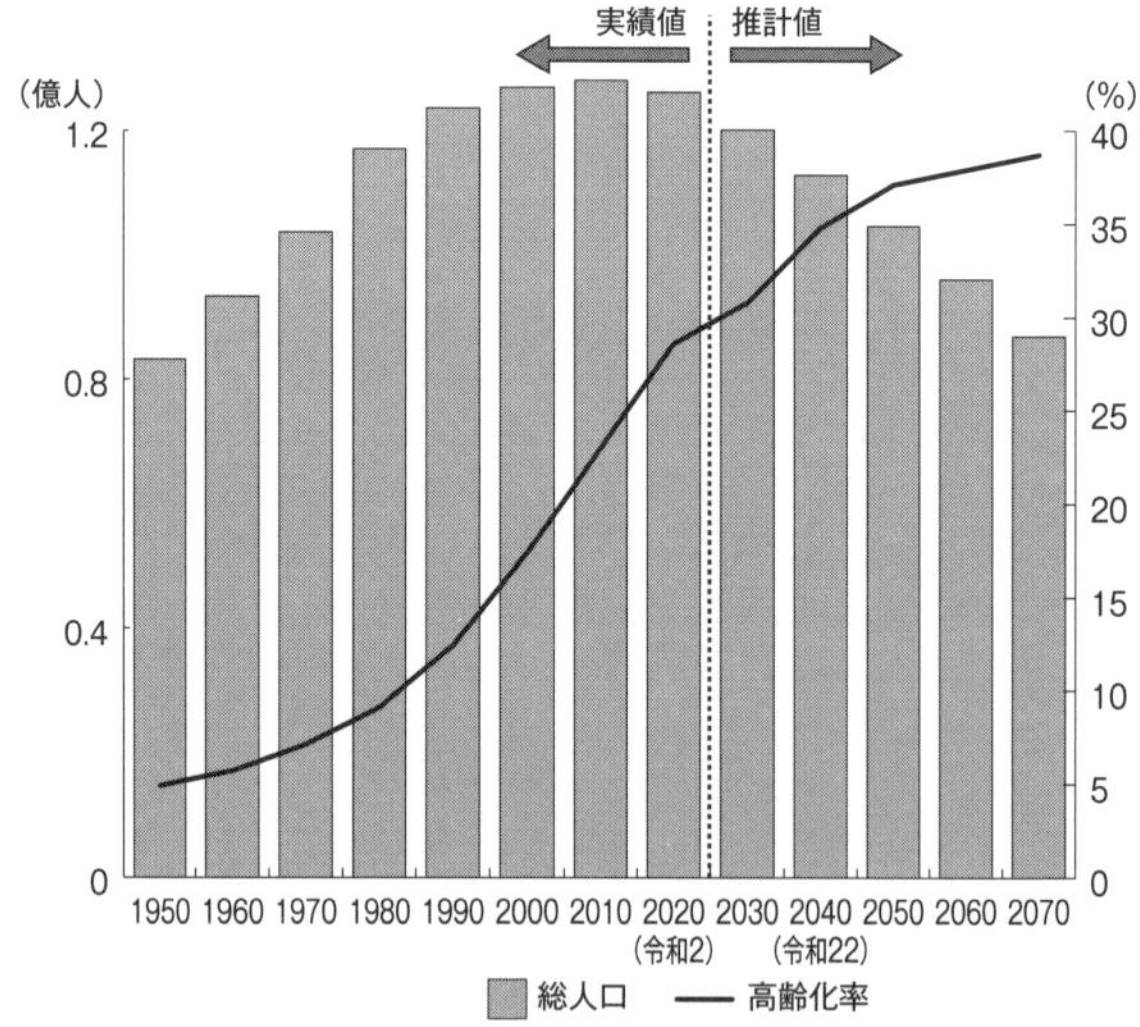

日本の総人口と高齢化率（65歳以上人口割合）の推移（出典：国立社会保障・人口問題研究所「日本の将来推計人口（令和５年推計）結果の概要」の数値をもとに日本バス協会作成）

地方の路線バスの多くは、補助金を受給しても赤字という状態を抱えつつ、高速バスや貸切バスの利益によって、何とか路線を維持してきたのが実態です。コロナ禍により、その高速バスや貸切バス自体が厳しいという状況が、元々苦しいバス会社にさらに追い打ちをかけました。バス会社は経営的に追い込まれた状況にあり、経営努力も限界に到達しているのです。われわれはこのような厳しい状況で路線バスを運行しているということを、社会的に発信していかなければなりません。

世の中の路線バスが廃止されれば、自治体自らがバスを運行せざるを得なくなります。実際にやむなく廃止に追い込まれる路線も増えています。国や自治体からの補助金により何とか成り立っている路線も多くありますが、この補助金も十分とは言えません。

第2章でも述べたように、補助制度には、路線バスの赤字と、支援の額に大きなギャップがあるという重大な問題があります。このようなギャップが生じる一番の原因は、地域ブロック平均単価という走行キロ当たりの単価を、需給調整時代の昔から使用していることです。ブロック平均といっても、平均より下の場合は、実勢コストを採用しており、地域ブロック平均単価を超える場合は、平均単価

路線バスの廃止キロの推移

（単位：km）

	完全廃止
2010年度	1,720
2011年度	842
2012年度	902
2013年度	1,143
2014年度	1,590
2015年度	1,312
2016年度	883
2017年度	1,090
2018年度	1,306
2019年度	1,514
2020年度	1,543
2021年度	1,487

路線バス廃止キロの推移
（出典：令和５年版交通政策白書）

で抑えるという仕組みです。バス会社は、相当の経費節減や自助努力をしていますが、地域ブロック平均単価による計算をされてしまっては、賃上げもできない状況です。早急にブロック平均を廃止して、実勢コストによる補助に改めるべきと考えます。

地元住民の貴重な交通手段として、バス事業者自身も新たなアイデアで乗客を確保することが必要ですし、国や自治体は、どうすれば地域の足を守れるのかという課題を真剣に考えていただきたいと思います。

(2) 深刻な運転者不足

日本の人口減少と少子高齢化が進む中、バス業界では深刻な運転者不足が問題となっています。バス事業者各社は、コロナ禍の期間に採用活動を控えた結果、人員減となり、輸送需要が戻りつつある中でも極端に運転者が不足するという事態に陥っています。コロナ禍で減便したダイヤは元に戻すこともできず、高速バスなども減便運行を継続せざるを得ない状況です。

2024(令和6)年4月からは、運転者の労働条件に関する法令、いわゆる改善基準告示が改正となり、2024年問題として、トラック業界のみならず、バス業界においても大きな課題となっています。

運転者不足解消に向けた取り組みとして、大型二種免許の取得費用の補助や、入社時の一時金支給など対策を講じていますが、現状を直ちに解決する状況とはなっていません。

まずは雇用条件を改善し、他の産業に見劣りしない待遇を確保することが必要ですが、それには原資が必要です。そのためには、運賃値上げがどうしても必要となります。バス事業者は、運賃値上げを原資とした賃上げによって雇用条件を改善し、地道に少しずつ運転者を増やしていくしかないとい

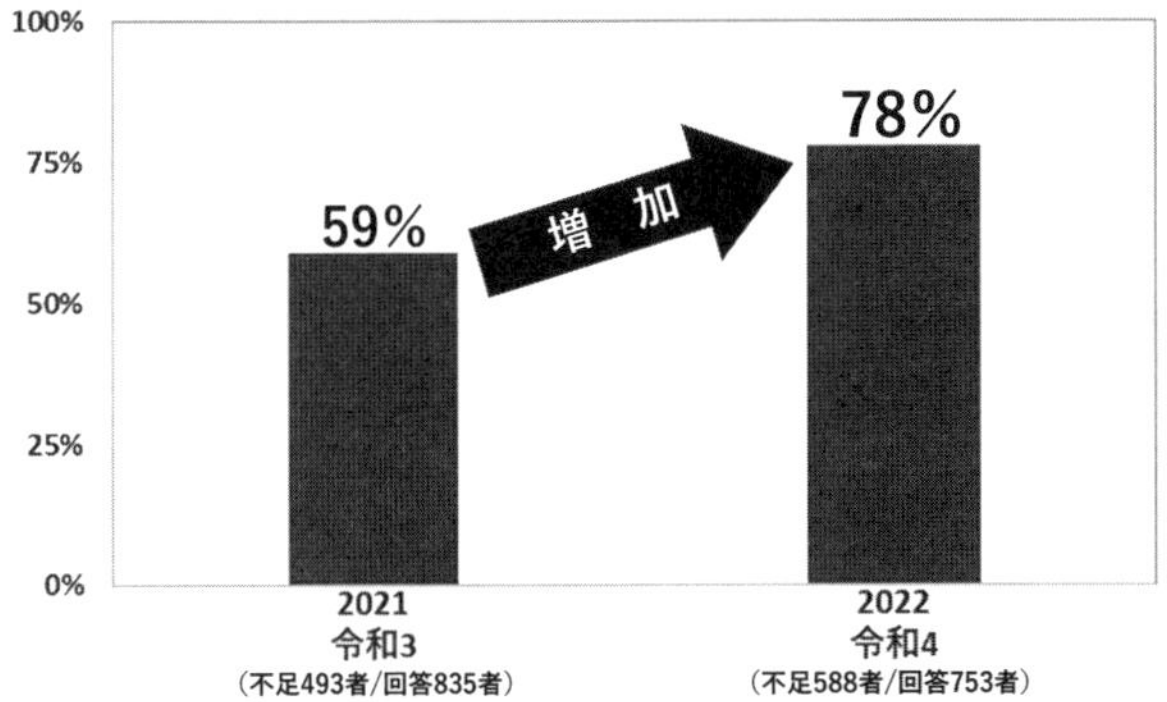

運転者が不足していると回答した事業者の割合
（出典：日本バス協会）

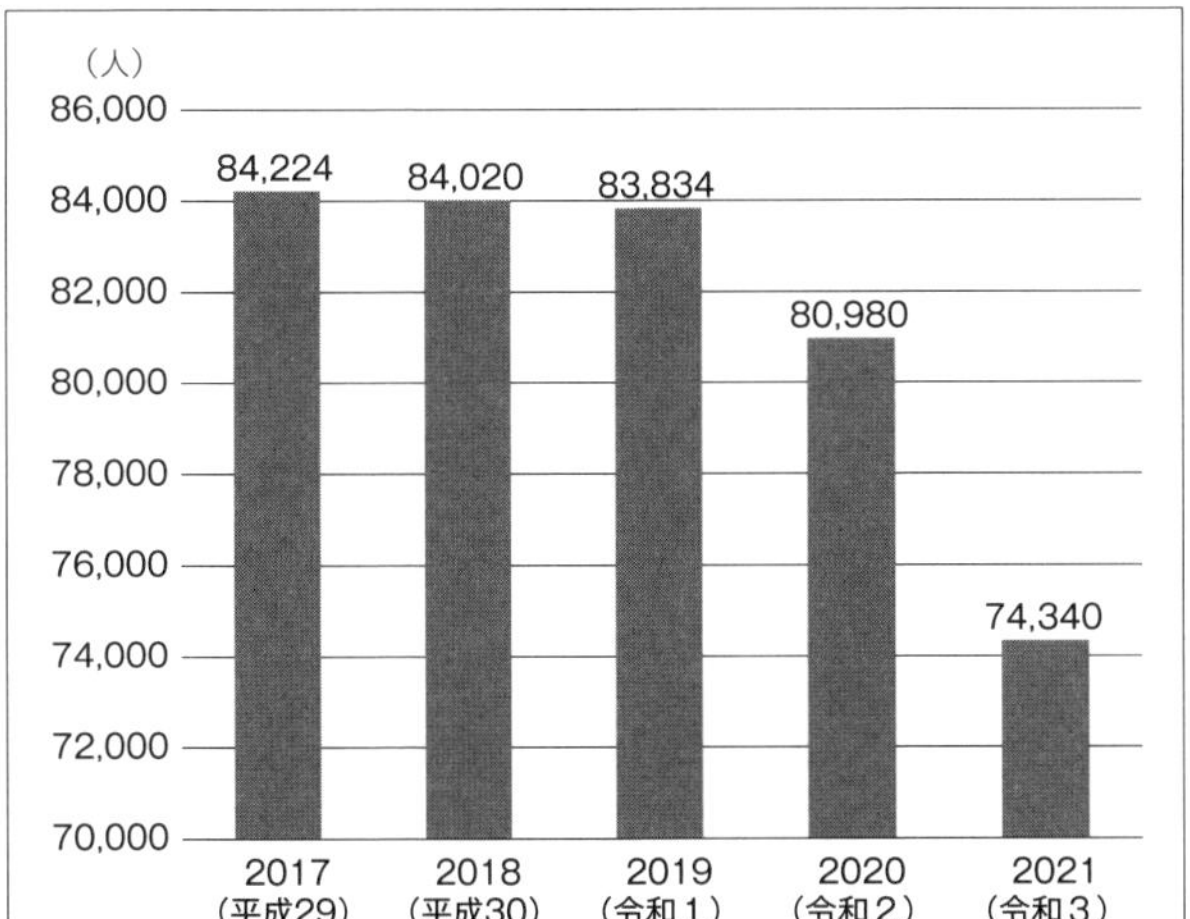

路線バス運転者数の推移
（出典:国土交通省「数字で見る自動車」の統計データをもとに日本バス協会作成）

う現状です。

また、外国人労働者を受け入れることも必要であり、検討が始まりました。労働力不足の問題は、バスをはじめとする運輸業界だけでなく、日本全体の問題として捉えていく時期になっています。

(3) 人材確保のため運賃改定が必要

乗合バスの運賃制度は、運行原価をもとに運賃を設定する総括原価方式ですが、日本のバス事業者各社では、この方式の下で四半世紀もの間、運賃の値上げができない状態でした。原因の一つが、適正な運賃を算定する際に使用される原価が「地域ブロック平均単価」であり、実勢コストとかけ離れていたからです。2022(令和4)年より、人件費を「各県の全産業平均」として算定方式を変更することになり、ようやく運賃改定が実現できました。これによって賃上げも可能になったという状況です。

これからのバス業界を考えると、深刻な人手不足の対応に加え、燃料コストの高騰、安全や環境対応に向けた投資など経費の増大も予想されます。しかも、賃上げは政府の大きな命題にもなっています。今後も定期的な運賃改定によって、バス事業を持続可能なものにすることが必要です。

（4）子育て政策に貢献するバス

子育て政策の推進が、国としての大きな重要課題となり、こども家庭庁が発足するなど政府を挙げた検討が進んでいます。学費や給食費の免除などいろいろな施策が検討されていますが、そもそも鉄道で通える地域ばかりでなく、路線バスがなければ通学もできないところも多いということをまず認識すべきです。路線バスを維持できるかが問題なのです。

少子高齢化や地方の過疎化は、通学困難という新たな問題を発生させました。小学校や中学校、高校に至るまで、在籍する児童生徒が激減し、学校が統廃合された結果、従来は徒歩で通学していた児童生徒が、そのままでは通学できなくなるという問題があります。特に過疎化が深刻な地域では、10を超える数の小学校が統合されて一つにまとめられるという事例もあるようです。そうなると、かなり距離の離れた場所にある小学校に通学しなければならない生徒も出てくる訳ですが、ここでバスが不可欠になるのです。

通学に利用されるバスとしては、路線バスを利用するケースや、貸切バスを年間契約し、スクールバスとして運行するケースのほか、行政が独自の通学バスを運行するケースなどさまざまなものがあります。いずれにしても、バスが持つ機動性を生かして、各地から子どもたちを快適に学校へ運ぶことは、もはや子どもたちの生活の一部になっていると言えます。子どもへの支援施策の一つとして、バスの存在は必要不可欠です。

■平成 31（令和元）、令和 2、3 年度

3 年間の公立小中学校の統合件数 437 件

（1,055 校 → 454 校）

■統合に伴う通学手段

	統合前		統合後
○スクールバス使用件数	156 件	→	325 件
○路線バス使用件数	59 件	→	74 件

出典：文部科学省「令和３年度 学校規模の適正化及び少子化に対応した学校教育の充実策に関する実態調査」

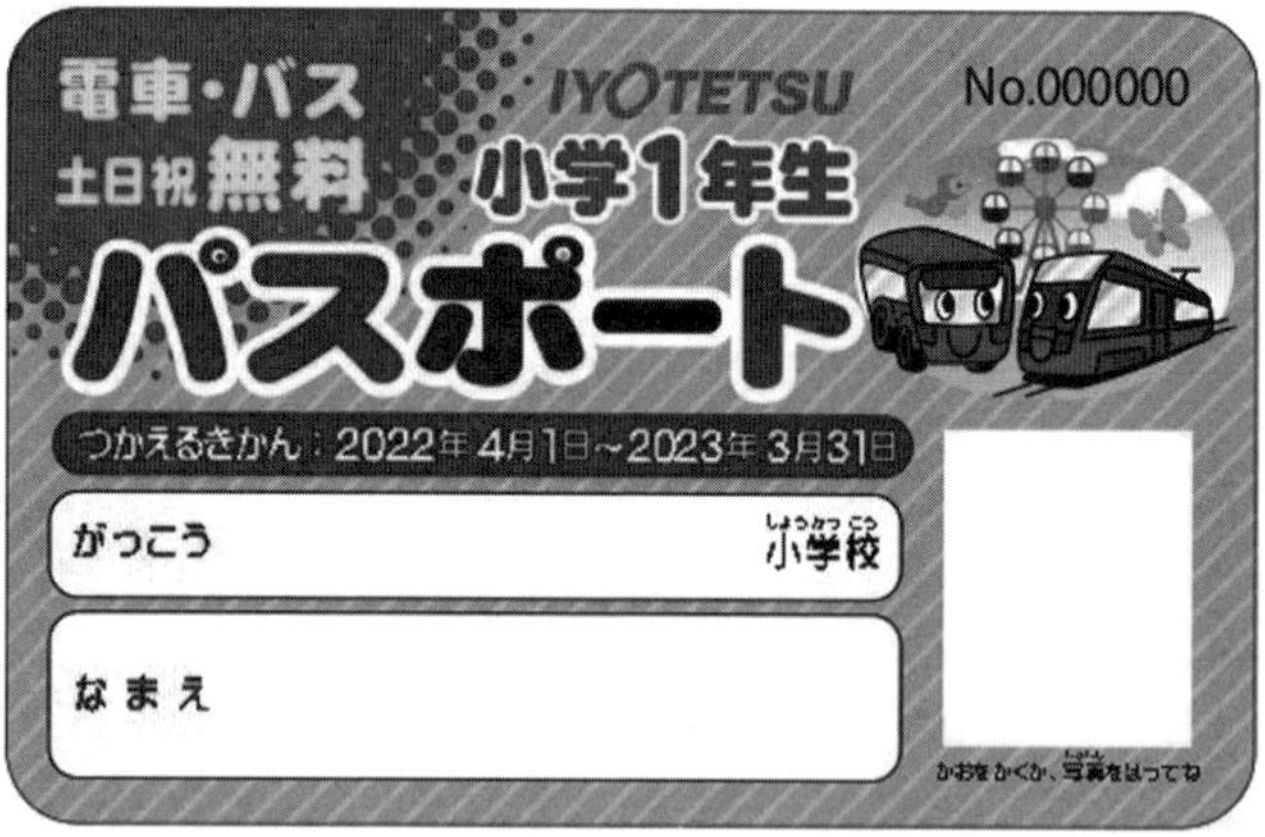

小 1 パスポート　（出典：株式会社伊予鉄グループ）

伊予鉄グループでは、2016 年 4 月から愛媛県の新 1 年生全員（約 1 万 2000 人）を対象に、土日祝の電車・バスが無料になるパスポートを配布している。電車・バスに乗ったことがない児童にも「乗ってみたい」という動機付けを与え、今まで乗車機会の少なかった公共交通を身近に感じてもらうことで、利用促進を図っている。

鳥取県バス協会の取り組み

一般社団法人　鳥取県バス協会

日本のバス事業１２０年に当たって、鳥取県バス協会の利用促進にかかる取り組みを紹介します。

鳥取県では、公共交通の利用促進とまちづくりへの活用の機運を盛り上げることを目的としたイベント「とっとり交通フェスタ」を官民連携で開催しています。４回目となった２０２２（令和４）年の「とっとり交通フェスタ」では、バス、タクシーに加え鉄道も参加し、公共交通事業者が集合したイベントとなりました。会場では子供たちによる「バス綱引き」、運転台付きの「ミニバス疑似運転体験」、バスの中古備品を販売する「バスフリーマーケット」、バス・鉄道の車内アナウンスを真似て披露する「なりきり選手権」のほか、「ミニＳＬ乗車体験」や「バスの乗り方教室」などのイベントが開催され、多くの人々で賑わいました。

鳥取県内でも、自動車運送業界は「労働時間が長い」「低賃金」などのイメージから、若者や女性の人材不足が顕著となっています。そこで、若者や女性に向けて自動車運送業の役割や就職に関する情報を発信するための「運送業界応援プロジェクト実行委員会」が２０１９（令和元）年に発足しました。メンバーは、国、県のほか鳥取県のバス協会、ハイヤー・タクシー協会などが参画しています。プロジェクトでは、官民一体となった「学校キャラバン隊」が小学校を訪問し、自動車運送業の社会的な役割とその素晴らしさを現役の女性ドライバーや若手ドライバーから直接生徒へ語り掛ける交流プログラムや、車いすの乗降体験などを実施しています。子供たちに自動車運送業で働くことに興味を持ってもらい、将来、１人でも多くの就職につながっていくことを期待するところです。

バス業界は、長期にわたる新型コロナの影響に加え、燃料費の高止まり、ドライバー不足と大変厳しい経営環境にありますが、バスの運行維持に期待を寄せている県民の皆さまのためにも、これからも安全第一で地域の足を守っていきます。

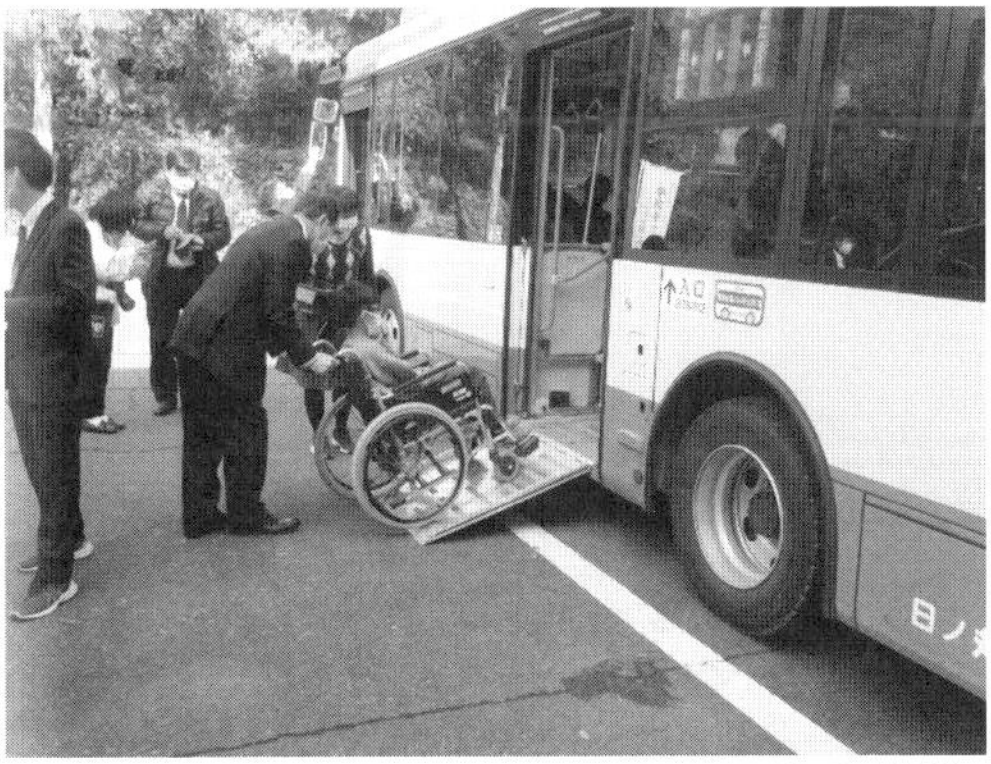
令和４年　学校キャラバン隊　佐治小学校

令和４年　とっとり交通フェスタ

令和４年　とっとり交通フェスタ

（出典：一般社団法人鳥取県バス協会）

日本のバス１２０年に寄せて

一般社団法人　島根県旅客自動車協会

島根県では、県民の皆さまにバスに親しんでいただき、バス利用を促進することを目的に、バス事業者が中心になってバスまつりを開催しています。

２０２２（令和４）年のバスまつりはコロナ禍で３年ぶりの開催となり、県民の方がまつりをお忘れでないか不安な気持ちで準備を進めていましたが、当日は開場を待つ県民の方で長蛇の列ができ、急遽、入場開始時間を早め、お入りいただくことにしました。

会場内ではバスとの綱引き等のイベントや各社の車両展示、グッズ販売等でバスを楽しんでいただいたほか、運転者の確保が喫緊の課題となっていることからバスの運転体験コーナーも設け、実際に大型バスの運転を体験していただきました。本来であれば希望者全員に体験していただきたかったのですが、あまりにもご希望が多く、やむなく抽選により14人の方に体験していただきました。

一人でも多くの方にバス運転者の道を目指していただけるよう、今後もこのような取り組みを継続していく予定です。

バスまつりは２０１０（平成22）年から開催し、毎年多くの県民の方にバスに親しんでいただいていますが、昨年はこれまで以上の入場者があり、バスまつりの再開を待ち望んでおられた県民の方々の熱気で大盛況となりました。

過疎化や運転者不足、コロナ禍等でバス業界は苦境に立っていますが、バスに期待を寄せていただいている県民の皆さまの思いを力に、これからも安全第一で県民の足を守ってまいります。

（出典：一畑バス株式会社）

（出典：一般社団法人島根県旅客自動車協会）

バスまつりではバスとの綱引きや運転体験などを実施しています

「日本のバス事業120年」にあたって

公益社団法人　岡山県バス協会
会長　小嶋光信

岡山県の乗合バス事業は、統合前に終戦を迎え、戦前とほぼ同数の会社が残ったことで、全国でも稀な競争が激しい地域と言えます。一方、激しい競争の中で各社は、自主自立経営に努力し、特に県南地域の事業者はコロナ禍前まで自治体からの補助金のウエートが小さいという特色があり、多くの乗合事業者は路線維持のために観光バスや高速バス事業に注力して地域のリーダー的役割を担っています。

自主自営の気概が幸いして、乗合バスでも猫の耳がついて停車ボタンを押せば「ニャ～ン」と鳴るバスや、車内で七夕やクリスマスの企画が催されたりする楽しいバスもあります。さらに、コロナ禍での利用客減少に警鐘を鳴らして、路線を維持するために「宇宙一面白い」をテーマに「正念場（バ）ッス！」や「宇宙一アートなバス」等で全国に話題を提供しているバス会社もあります。また自治体でも、岡山市では「路線バス・路面電車の運賃無料ＤＡＹ」が7～12月の間に複数回実施され、バスや路面電車の利用者数が最大2・4倍となった日も出てきていますし、倉敷市等もさまざまな工夫をして、公共交通の利用者アップが地域の商業施設の活性化にも繋がっています。乗合バスだけでなく、観光バス事業や高速バス事業でも各社必死の生き残り策と工夫が出てきていると言えるでしょう。

未曾有の危機となったコロナ禍は経営面にも大きなマイナスをもたらしましたが、ここにきて国の公共交通の施策でもある「競争から協調へ」という流れに沿って、業界の機運が出てきたことに将来への明るさを感じています。

（両備ホールディングス株式会社　代表取締役会長）

公共交通を未来へ残すための企画を象徴するバス「正念場(バ)ッス！」外観
(出典：両備ホールディングス株式会社)

岡山市の「路線バス・路面電車の運賃無料DAY」で賑わうバスのりば風景
(出典：両備ホールディングス株式会社)

競争から共創の先駆になれるよう

公益社団法人　広島県バス協会
会長　椋田昌夫

日本のバス事業１２０周年おめでとうございます。

広島県バス協会は現在会員１０５社で構成しており、そのうち30両以上保有の路線バス事業者は10社、特に広島市内に乗り入れている路線バス事業者は８社あります。

広島県のバス事業は、利用者サービス向上のため、行政の指導も受けながら事業者間で協調した取り組みを行ってきました。例えば、郊外バスの都心部の発着場を集約した広島バスセンターの設置、県内のバスに乗車できるＩＣカード「ＰＡＳＰＹ」の導入、インバウンド向けの周遊乗車券の販売、バスの運行情報や遅延情報等をバス停・スマートフォンで表示するバスロケーションシステムの運用などです。現在、県内でのＧＴＦＳ－ＲＴ（General Transit Feed Specification-Real Time　動的バス情報フォーマット）化を進めており、グーグルマップ等でのリアルタイム情報発信が間近となっています。

また、広島市では持続可能な公共交通を形成するため、これまでに共同運行の都心循環線などの路線再編、路面電車とバス７社に乗り放題となる定期乗車券の販売など、独禁法特例を活用した共同経営計画の認可を受けての取り組みを進めています。しかし、事業者の経営努力だけではサービス維持が困難であることから、広島市と事業者で形成する「新たな連携」組織において基盤整備・管理と運行計画などのマネジメントを行う「共同運営システム」の構築に取り組んでいます。

広島県のバス事業が共創の全国モデルとなるよう、安全安心を最重点課題としながら、利用者サービスを増進し地域の発展のために尽力してまいります。

（広島電鉄株式会社　代表取締役社長）

広島市内中心部を走行するバス・電車

（出典：広島電鉄株式会社）

山口県のバス事業について

公益社団法人　山口県バス協会

山口県最初の乗合自動車は、「萩自動車交通社」が１９１３（大正２）年6月10日に萩～小郡間を片道２円28銭、1日２往復で営業を開始したものだそうです。全国からはちょうど10年遅れでした。

現在では、主たる乗合バス事業者7社が県内で営業を行っています。

山口県のバス事業者は、鉄軌道を行っていた事業者も多く、中にはその時の名残で、60年以上前に鉄道を廃止したが、現在も「船木鉄道」という名前で事業を行っているバス会社もあります。

少子高齢化による利用者の減少や運転者不足でバス事業は厳しい経営環境にありますが、自動車免許を取得していない児童・学生や障がい者、免許を返納した高齢者、外部から来られた方にとってなくてはならないものであり、地域における公共財として残っていかなければならないものだと思っています。

これからも、山口県の貸切バスを含めたバスによる移動が、利用するすべての人にとって、安全安心であることは最優先ですが、大切な時間と空間の共有となり、人生の記憶の一つに残ってくれることを願っています。

山口県 No.1 号車の６人乗り独逸ロイド自動車
（出典：防長交通株式会社）

バス事業120年への寄稿

一般社団法人　徳島県バス協会
会長　金　原　克　也

新型コロナウイルス感染症により、バス事業は厳しい状況に陥りましたが、国・県・沿線市町村、県民の皆さまに支えられ、バス協会会員では倒産する事業者を出さずに、苦境を乗り切ることができました。感謝申し上げます。

乗合事業は、三つの公営交通が経営していましたが、順次民営化が進み、現在は徳島市交通局1社となっています。

徳島県は人口約70万人。人口減少・高齢化が進み、生活路線は慢性的な赤字です。このような状況下、徳島県が策定した次世代地域公共交通ビジョンをもとに、モーダルミックスを推進し、公共交通の合理的再編に努めています。JR牟岐線と並行する高速バス路線で独占禁止法の適用除外を受け、共同経営を行うなど、新しい試みにも挑戦しています。

徳島県は、関西エリアとのつながりが深く、大鳴門橋、明石海峡大橋を経由する路線は、鉄道がないこともあり、高速バスが県民の足として定着しています。

また県内には、阿波おどり、鳴門のうず潮、祖谷渓など、有力な観光資源があります。2025年大阪・関西万博まで旅客は増えそうですが、その後の旅客誘致が大きな課題です。

明るい話題として、2024（令和6）年、コロナで中断していた「とくしまバスまつり」が復活する予定です。県民の皆さまに感謝の気持ちをお伝えするとともに、お子さまには、将来、バス乗務員になりたいと思っていただけるような楽しいイベントにしたいと考えています。

（徳島バス株式会社　代表取締役社長）

とくしまバスまつり（2016 年 9 月 11 日）
（出典：一般社団法人徳島県バス協会）

第7章　ポスト・コロナのバス事業

第7章　ポスト・コロナのバス事業

(1) 新型コロナウイルス感染症によるバスへの深刻な影響

２０２０（令和２）年からの新型コロナウイルス感染症により、バスは深刻な影響を受けました。人流抑制という名の下で、人の動きが止まり、元々厳しい状況だった公共交通は、さらに追い込まれました。コロナ禍の2年間での全国の路線バスの赤字は約４０００億円にのぼり、これを返すには10年、20年かかります。飲食店には5兆円もの協力金が出されました。飲食店はシャッターを閉めても協力金をもらえますが、路線バスはお客さまがゼロでも休むこともできず、協力金もありませんでした。われわれバス業界にとっては戦後最大の危機です。貸切バスも団体旅行とインバウンドが全く消えてしまうような状況となり、高速バスも県外へ出ないように、「ステイホーム」と言われ続けると、どうしようもありません。

人々のライフスタイルや行動も大きく変化しました。リモート会議やテレワークが推進され、出張者も減少しました。長期間にわたり人々の移動が抑制されたのです。

バス業界はさまざまなコロナ対策を講じてきました。まず、バス車内の消毒を強化し、換気も徹底しました。感染対策が求められる中、車内の空気は5分間で入れ替わることなど、安全性をアピールしてきました。

コロナに限らず、今後もまた感染症などが流行する事態はあり得ます。公共交通が今回のコロナ禍によりここまで甚大な影響を受けたことを皆さんに知っていただくとともに、是非とも今後の対策を練る必要があります。公共交通は、あって当たり前のものだと思われがちですが、ほとんどが民間会社による経営であるだけに、もう少し国全体として、深刻な感染症拡大の危機であっても公共交通を守るという発想があるべきだと考えます。

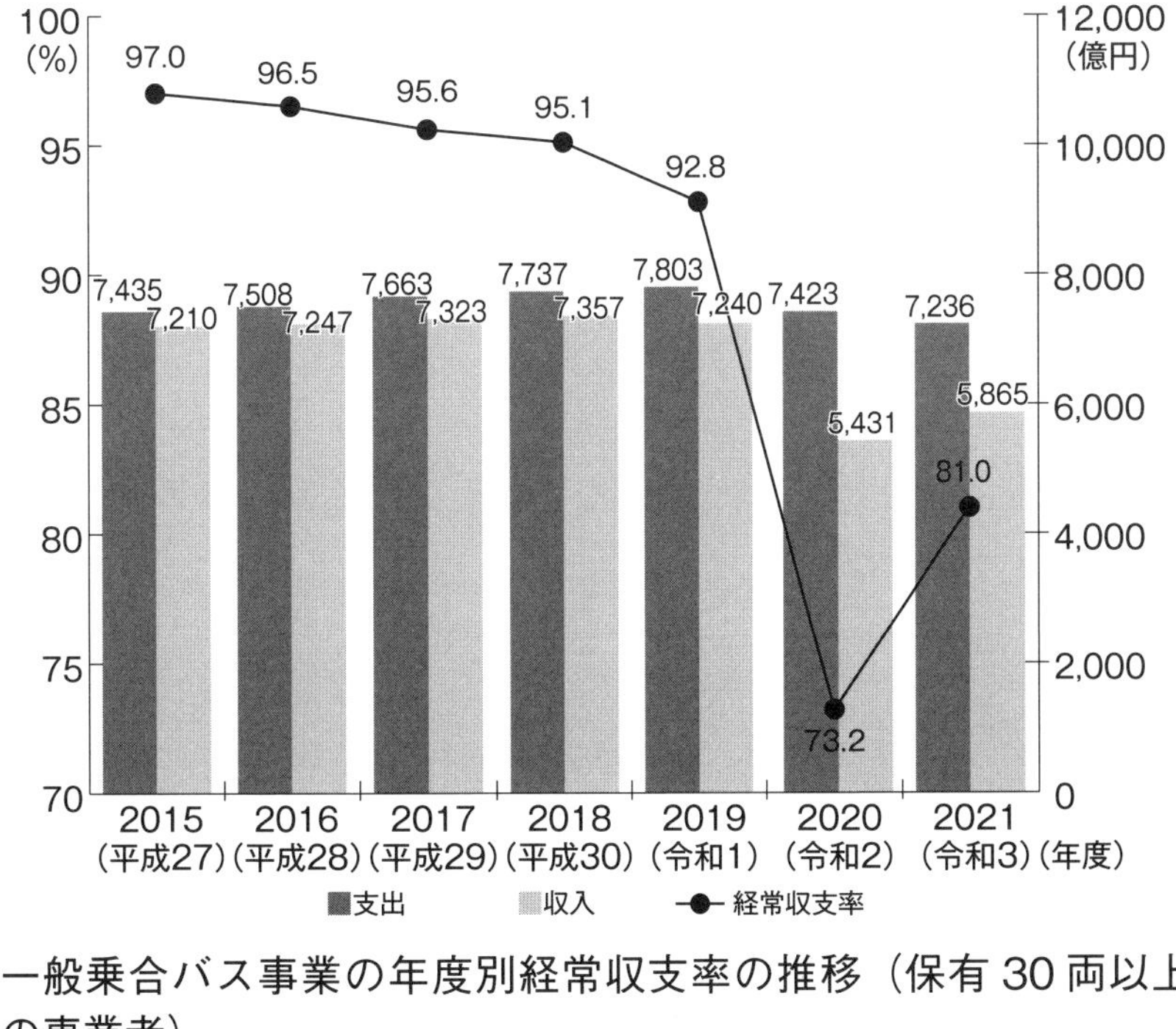

一般乗合バス事業の年度別経常収支率の推移（保有 30 両以上の事業者）
（出典：国土交通省「乗合バス事業の収支状況について」をもとに日本バス協会作成）

(2) ポスト・コロナの公共交通とは

新型コロナウイルス感染症も少しずつ落ち着いてくる中、バスの需要はコロナ禍前の状態に戻るのか、と言われるようになってきました。おそらく、コロナ禍前と全く同水準の需要に戻るのは、当面難しいと思われます。テレワークやリモート会議が一般化して通勤や出張が激減しており、高速バスの戻りが非常に遅い状況です。さらに貸切バスは、各企業などの団体旅行についても激減した状態で、旅行自体が個人旅行へとシフトしています。

このような中、バス業界はサービスの多様化や、デジタル技術の活用、新たなイノベーションの開拓を行う必要があります。われわれは挑戦を続けていかなければなりません。ＭａａＳ（Mobility as a Service）の導入、環境問題への対応、少子高齢化への対応、キャッシュレス化やデジタル化など、積極的に取り組んでいかなければならない課題が山積しています。

ピンチはチャンスと言います。バス業界がポスト・コロナの公共交通として重要な役割を果たすために、地域社会に貢献し、利用者に安全で快適な移動手段を提供し続ける覚悟です。

日本バス事業１２０年記念寄稿

一般社団法人　香川県バス協会
会長　佐藤邦明

香川県のバス事業は全国の例にもれず、輸送需要の減少とコロナ禍により経営は非常に厳しい状況にあります。

このような中、乗合事業では利用者ニーズに応え、安全かつ良質なサービスの提供を続け、高齢者や障がい者の利用に配慮したノンステップバスの普及促進、環境に配慮した運転への取り組みを進めており、約９割の車両がバリアフリーに対応した車両で運行をしております。貸切事業では、コロナ過で県内の観光需要が低迷しておりましたが、先頃、高松港にクルーズ船が寄港するなど人の移動が活発化し、賑わいを取り戻しつつあります。また、瀬戸内海の美しい島々や港を舞台とした「瀬戸内国際芸術祭」では、島の移動に公共交通機関が重要な役割を担っており、２年後の２０２５年大阪・関西万博とは同時期となり、相乗効果が期待されております。

そうした中で、２０１０（平成22）年から隔年で開催してきた「かがわバスまつり」はコロナ禍により中断しておりますが、大人と子どもが一緒に楽しめるイベントとして親しまれており、バス事業を積極的にＰＲする場としても今後の開催が望まれます。

現在、バス業界では乗務員不足等の深刻な問題を抱えておりますが、ＩＣＴの活用等により、スマートで便利なサービスを提供しアフター・コロナに向けた取り組みを進めるとともに、「地域公共交通計画」の策定による持続可能な地域づくり、デジタル交通社会の実現の一助となるよう努めていければと考えております。

（琴参バス株式会社　代表取締役社長）

クルーズ船寄港の様子（2023.3.29）
（出典：大川自動車株式会社）

第５回かがわバスまつり　会場の様子（2018.3.20）
（出典：琴参バス株式会社）

第５回かがわバスまつり　会場の様子（2018.3.20）
（出典：一般社団法人香川県バス協会）

ＥＶバス普及への挑戦

一般社団法人　愛媛県バス協会
会長　清水一郎

日本バス協会では、２０２３（令和５）年をＥＶバス元年として、２０３０（令和12）年までに全国でＥＶバスを１万台まで増やすことを計画しています。２０２２（令和４）年６月、伊予鉄グループが国内ＥＶメーカーである株式会社ＥＶモーターズ・ジャパンに出資し、業務提携を行いました。本年１月には伊予鉄バスが、ＥＶバスの運行をスタートさせています。大型路線バスにおいては、国内企業が開発・製造を行うものとして全国初です。ＥＶモーターズ・ジャパンは、本年中に北九州に組み立て工場が稼働予定であり、これにより本格的なＥＶバスの供給体制が整うことが期待されます。

カーボンニュートラルは喫緊の課題ですが、バスがＥＶになれば、排ガスも無く、音も静かになり、乗り心地も良くなります。乗ってみようと思ってもらえることが大事です。また、今回導入した車両は、年間23トンのCO_2削減を見込んでおり、災害時の電力供給も可能で、１日あたり21軒分の電力を供給できます。今後はＥＶバスが普及するような環境を早期に整えていきたいと考えています。

（株式会社伊予鉄グループ　代表取締役社長）

伊予鉄バスが導入したＥＶバス

（出典：株式会社伊予鉄グループ）

2023 年 1 月に開催されたＥＶバス出発式（愛媛県松山市）

（出典：株式会社伊予鉄グループ）

日本のバス120年にあたって

一般社団法人　高知県バス協会
会長　樋口毅彦

高知県バス協会が任意団体として呱々の声を上げたのは１９７０（昭和45）年で、モータリゼーションが進み、乗合バスの利用者の減少が続いていた時期と重なります。その後、オイルショックや規制緩和などの時代の変革が次々と押し寄せる中で、バスターミナル整備やＩＣカードの導入支援など、バスの利便性を高めるための事業を、関係機関の支援・協力を得つつ会員事業者とともに行い、さまざまな困難を乗り越えてきました。

２０２０（令和２）年からの新型コロナウイルスの感染拡大では、人の動きが止まり、これまでの生活様式が一変し、バス事業にとって、かつて経験をしたことがない厳しい環境となりました。

一方で、バス事業がなくてはならない社会インフラであることを、改めて認識させられる機会ともなりました。

また、地球温暖化防止の観点からもバス事業は重要であり、自家用車での通勤や旅行からバス利用へのシフトを進めていかねばなりません。

協会創立時からのバス事業の振興と地域貢献の精神に、地球貢献の意義も加えて、今後も時代の変化に的確に対応しながら、会員共々将来に向かって進化させていく決意です。

今年は、連続テレビ小説『らんまん』により、ＧＷには多くの観光客が来県されました。今後も観光需要のさらなる増加が期待されます。

また、本年８月にはよさこい祭りが４年ぶりに通常開催されました。皆さま方も是非、心が温かく、誰にでも親切な高知県民とのふれあいにお越し下さい。交流人口の拡大がバス事業の明るい未来を支えます。（とさでん交通株式会社　代表取締役社長）

高知県バス協会では、毎年、県下の乗合バスの時刻表（ポケット版）を作成し、無料で配付して、バスの利用促進を図っています。最新版の表紙には、「牧野博士の新休日」のロゴマークを使用して、高知県の観光も広報しています。

（出典：一般社団法人高知県バス協会）

地域の日常を支え続けるために
～バス事業120年に思いを寄せて～

一般社団法人　福岡県バス協会
会長　林　田　浩　一

〝華やかなパレード隊が音楽と共に、普段はバスが通る道路の上を次から次に行進していく。それを大勢の観客が笑顔で、時に歓声をあげて応援している。多くの外国人旅行者も交じり、老若男女一緒になって祭りを楽しんでいた――〟

5月3日・4日、福岡が誇る「博多どんたく港まつり」が、4年ぶりに平時の規模にて開催され、約200万人の観衆が福岡市内の会場を訪れました。福岡の街が再び元気な笑顔と歓声に包まれ、また一つ日常が戻ってきた、そう実感する2日間でした。

一方、3年にわたる新型コロナウイルス感染症の影響は、パンデミック終息後もなお、バス事業に色濃く残っています。人々の生活様式が変容した今、従前の輸送人員に戻ることは難しいでしょう。加えて、慢性化している運転者不足、燃料高騰によるコスト増など、バス事業が抱える課題は山積しています。

このような環境下でも、バス事業を今後も継続・発展させるためには、AIを活用したオンデマンド交通システムや脱炭素社会実現のための電気バス拡大、自動運転実現へのチャレンジなど、さまざまな新技術を活用し、時代に合った輸送システムを創り上げなければなりません。加えて、福岡県内ではバスと鉄道・タクシー・小型モビリティなど、他モードとの連携が活発化していますが、この連携こそが持続可能なバス事業を支えるキーになると考えています。私たちバス事業者は、今後もさまざまな交通事業者と行政と手を取り合い、さまざまな手段をもって、シームレスで持続可能な公共交通ネットワークの構築に全力で取り組んでまいります。

（西日本鉄道株式会社　代表取締役社長執行役員）

2023年5月3日「博多どんたく港まつり」の一風景
（出典：西日本鉄道株式会社）

ＡＩオンデマンドバス「のるーと」で使用している車両
（出典：西日本鉄道株式会社）

佐賀県のバス事業の現況

一般社団法人　佐賀県バス・タクシー協会
会長　愛野時興

佐賀県は人口約81万人と九州7県でも一番人口の少ない県です。その中で28社（内タクシーが主たる事業区分の事業者も含む）のバス会社が乗合バス・貸切バス・都市間高速バスを日々運行しております。

若年層の人口流出が年々多くなり、人口は減少しながら高齢化率が上がっていくという負のスパイラルが続いております。乗合バスについては、昭和40年前後をピークに減少し続け、現在では多くの路線がさまざまな補助金によって運行を維持しているのが現状です。貸切バスや高速乗合バスについては、それぞれの事業者が一時期のダンピング競争を乗り越え、現在では適正料金の中で切磋琢磨しております。

しかしながら、この三年間の新型コロナウイルス感染症の影響は尋常ではなく、乗客が激減、貸切バス等では全く仕事の無い日々も続きました。このような状況下でもさまざまな助成金や国・県・市町の補助金などで何とか事業を継続して参りました。中でも、コロナ感染患者の移送や、本年1・2月の水・日曜日に県が主催した補助事業「さがバスまるっとフリーDAY」によって県内全路線が無料で乗れる取り組みもあり、通常の倍以上の乗客数がありました。

これらの取り組みによって、お客さまよりさまざまな励ましの声をいただき、公共交通としてのバスを再認識して頂く絶好の機会になりました。また何よりも、多くの乗客と接した事によって、バスが安全・快適で、身近で便利な乗り物であるという事をわれわれがアピールしていくのだという乗務員の意識がより強くなったのではないかと思っています。

これからも人口減少と高齢化していく小商圏の中で、しっかりと乗務員を確保し、交通のシビルミニマムとしての責任を果たしていきたいと強く感じております。

（祐徳自動車株式会社　代表取締役社長）

「さがバスまるっとフリーDAY」佐賀駅バスセンター風景

（株式会社佐賀新聞社 提供）

長崎のバス　進化の時

一般社団法人　長崎県バス協会
会長　嶋　崎　真　英

歴史ある港町の長崎市は、鶴の港と称される長崎港を取り囲むように山々が連なり、市街地の約7割を占める斜面地に建ち並ぶ住宅が独特の縦の景色を作り出しています。

総務省の家計調査で長崎市は、1世帯の支出した年間バス代が2011（平成23）年から2019（令和元）年まで連続全国1位、2022（令和4）年も2位と上位を維持しています。また同調査では、駐車場代の支出が1位となり、自転車購入費は最下位となっています。いずれも平地の少なさが要因と考えられますが、坂の町を支えるバスが、坂の町に支えられている一面を窺い知ることが出来る調査結果ではないでしょうか。斜面地に広がる町並みが美しい夜景となることから、長崎市は世界新三大夜景に選出されています。しかし近年、人口減少が夜景に影響を及ぼす可能性が指摘されています。夜景を織り成す暮らしの灯りが、一つ一つ消えていくというものです。

地域の衰退が懸念される一方、長崎市はいま「100年に一度の変革期」を迎えています。西九州新幹線の開業と中心市街地で進められるさまざまな大型開発。海外クルーズ客船の増加に備え、長崎港松が枝埠頭の2バース化も計画されています。この好機に、地域の交通事業者は活力あるまちづくりにどれだけ貢献できるかで真価を問われます。さらなる利便性と快適性の向上に努め、高齢者や観光客にも安心してご利用いただけるサービスの提供に尽力してまいります。坂の町が未来にわたり輝き続けるために、長崎のバスは進化の時を迎えています。

（長崎自動車株式会社　代表取締役会長）

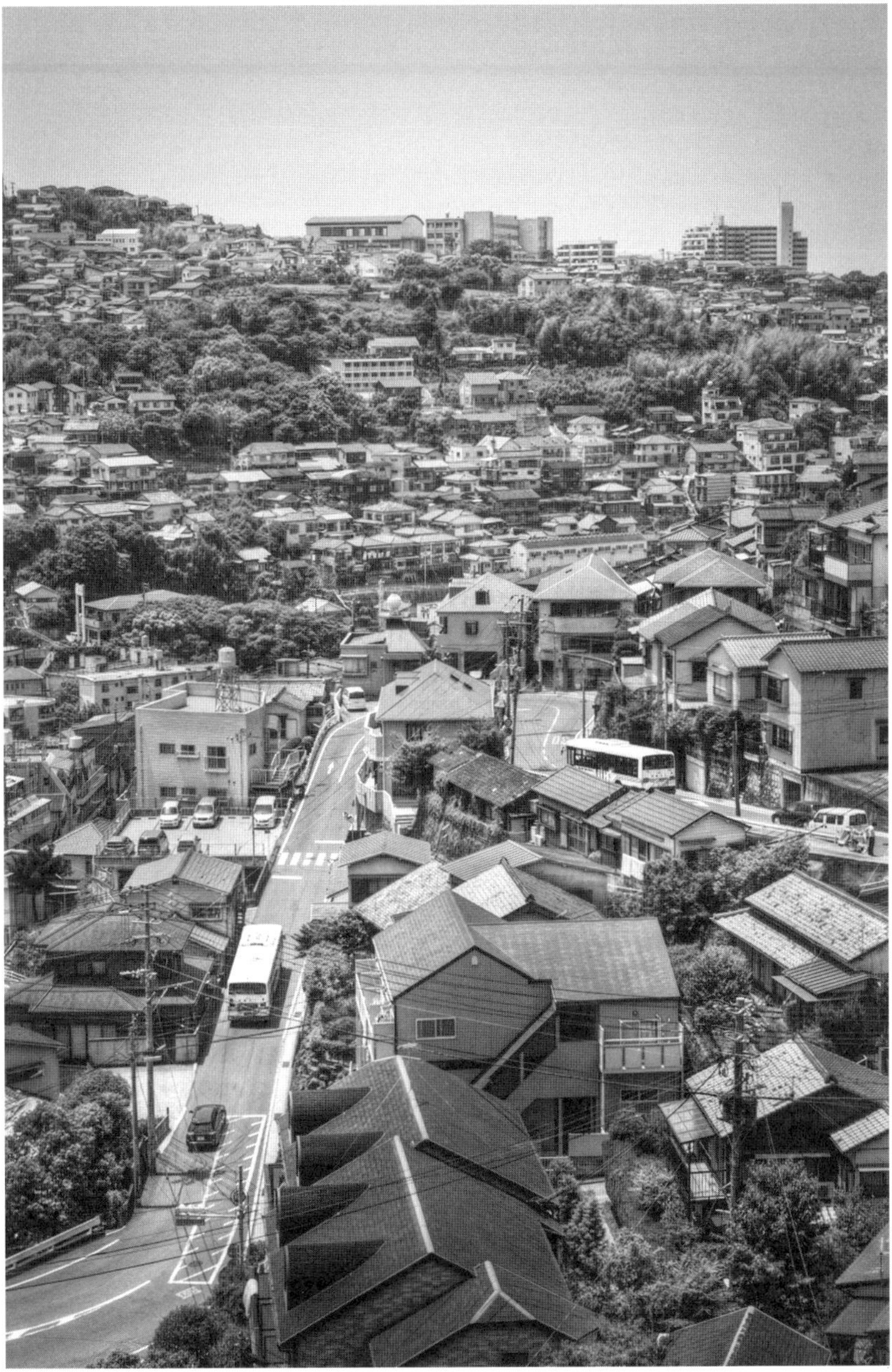

長崎市愛宕

第8章　持続可能な公共交通へのブレークスルー

第8章　持続可能な公共交通へのブレークスルー

(1) SDGsと公共交通

持続可能な開発目標（ＳＤＧｓ）は、国際社会が共同で取り組むべき目標として定められており、公共交通は、その目標達成に大きく寄与することが期待されています。

特に気候変動に関しては、公共交通自体が環境負荷の低い移動手段であり、公共交通の利用を推進することによって、低炭素社会の実現や利便性向上、渋滞緩和など持続可能な社会に寄与できるものと考えています。さらには、バス車両自体の環境負荷を低くすること、例えばＥＶバスの推進も重要です。日本政府が２０５０年までに国内での温室効果ガス排出量を実質ゼロにする、カーボンニュートラルの目標を発表していることにも貢献していく必要があります。

環境にやさしいバスでの移動をＰＲするポスター　（出典：環境省ホームページ）

バス業界の努力によりさまざまな取り組みを行い、持続可能な社会に向けて貢献し続けることが求められています。

(2) 原油相場に左右されるバス

バス事業の収支は、燃料費の影響を大きく受けるため、バス事業者によっては、1円の軽油価格上昇でも、年間数千万円の経費増となります。

原油価格の変動は、国際情勢や世界的為替相場の動向によって大きく左右されるため、バス事業者にとっては全く予測のできない要素となっています。近年では原油価格も高止まりとなり、厳しい経営状況にさらに追い打ちをかける状況となっています。

以前は、軽油に代わる燃料として天然ガスがもてはやされ、日本国内でも多くのCNGバスが運行していましたが、結局、天然ガスもコスト上昇の波から脱却できず、現在国内で運行しているCNGバスはほぼ無

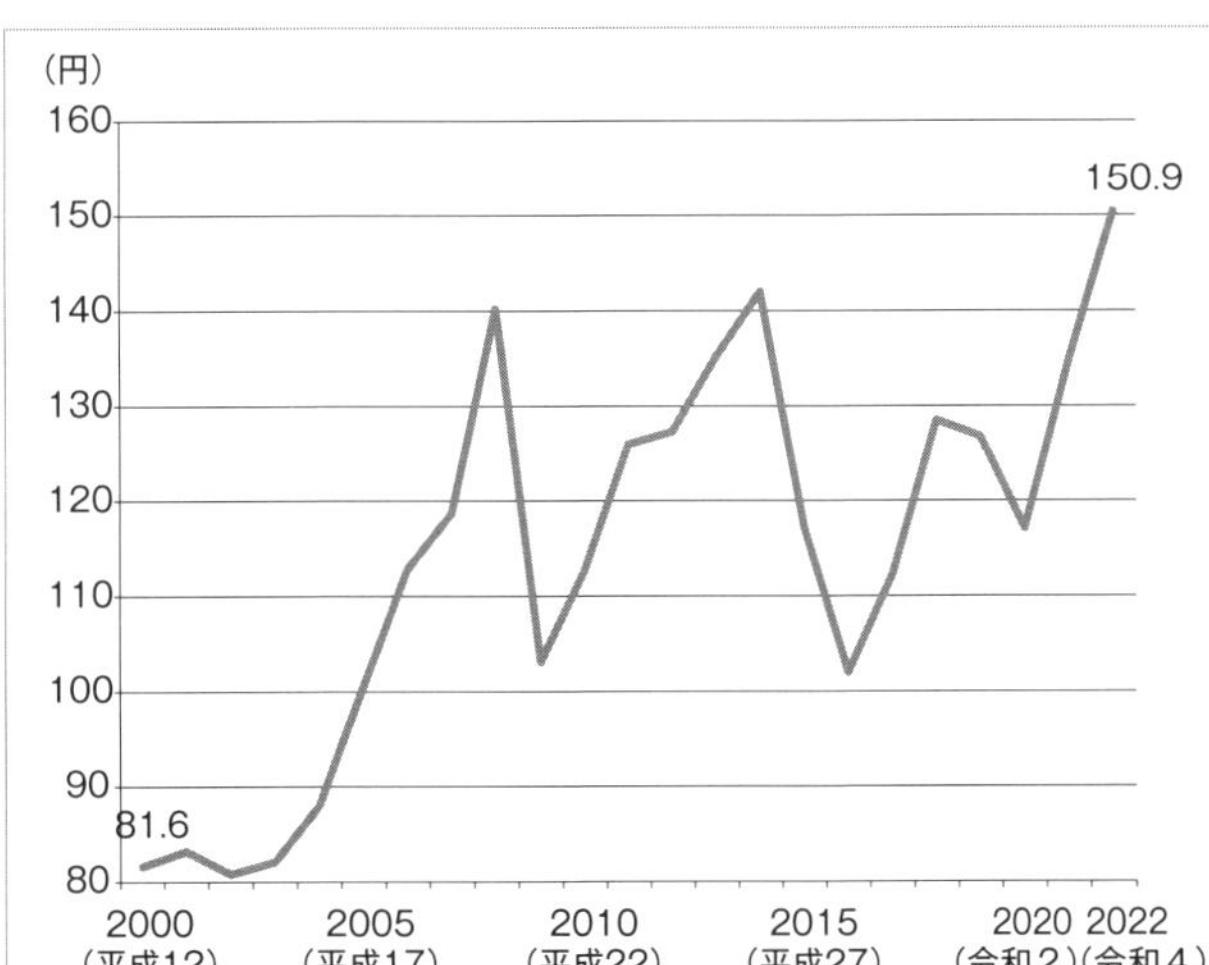

軽油価格の推移
(出典:「石油製品価格調査」(資源エネルギー庁))

くなっている状況です。

燃料費の上昇に対応するため、ハイブリッドやアイドリングストップ機能付きの車両を導入、運転者に対する徹底したエコドライブ教育などの取り組みも行ってきました。しかし、それらによる効果はわずかで、経営努力で可能となる燃費削減は限界に達しています。

今後は、軽油にかわるエネルギーとして何を選択するかが重要です。現在、水素を燃料とするバスも選択肢にありますが、これは水素自体のコストの解決が待たれます。やはり、現状では、ＥＶバスが市場をリードしていると考えています。今後の情勢も注視しながら、現実的な選択をしていかなければなりません。

(3) ＥＶバスの加速化

地球温暖化や気候変動の影響が深刻化する中、日本政府は２０５０（令和32）年までにカーボンニュートラル、脱炭素の実現を目指しています。

その打開策の一つがＥＶバスの導入です。２０３０(令和12)年までにＥＶバスを1万台という目標を、まずは達成したいと考えています。ＥＶバスは、音も静かで電車のような乗り心地です。排ガスは全くのゼロで、そもそもマフラーもありません。しかし、ＥＶバスの導入は初期投資が大きく、充電するためのインフラである急速充電器や変電設備(キュービクル)の整備費用なども課題となります。

全国のＥＶバス導入に、２０２３（令和５）年度は国から１００億円規模の補助金支援を頂いていますが、これをぜひ増やしていただき、何としてもカーボンニュートラルを加速していきたいと思います。

環境対応は待った無しであり、持続可能な公共交通の実現に向けて、バス業界全体がカーボンニュートラル社会への貢献を目指していかなければならないと思っています。日本のＥＶ化を推進していくために、国や自治体のさらなる強力な取り組みを期待しております。

（４）自動運転バスが走る未来　～移動の革命～

自動運転技術は、近年急速な発展を遂げており、公共交通分野にも広がってきています。アメリカや中国では自動運転タクシーが市内を走り回る時代になっています。日本の場合、２０２３（令和５）年４月に道路交通法が改正され、レベル４（特定条件下においてシステムが全ての運転タスクを実施）の運行が認められたという状況であり、早期の実用化が期待されます。

充電中のＥＶバス
（出典：株式会社伊予鉄グループ）

バスについては、日本国内で実証実験が実施されてきました。２０２０年代後半には、自動運転バスの実用化がさらに進展し、持続可能な公共交通の実現に向けて、自動運転バスが大きな役割を果たすでしょう。技術の進化や社会の変化に伴い、自動運転バスのより広範囲なエリアでの運行が可能になることが見込まれ、また、自動運転バスと他の公共交通機関との連携が進むことで移動がスムーズになり、利便性が向上すると考えます。

自動運転バスが本格的に実用段階となれば、運転者不足に悩まされている全国のバス事業者の救いとなる可能性もあります。また、自動運転バスは一定の速度で安定した運行が可能であり、渋滞緩和や燃費の改善につながることも想定できます。さらには、技術の進歩によって自動運転バスが安全性の向上にも貢献し、交通事故の防止にも繋がることを期待しています。

茨城県境町での自動運転バスの運行
（出典：BOLDLY 株式会社）

自動運転の普及によって、多様なニーズに応える公共交通の在り方が変わりつつあります。技術開発や制度改革が進む中で、持続可能な公共交通の実現に向けた取り組みが、今後も引き続き重要な課題となっていきます。

（5）バスのデジタル化推進

世の中でデジタル化が進む中、バスにおいてもデジタル技術の活用が求められます。デジタル化によってバス事業の効率化やサービス向上が期待されます。

運行管理システムにおいてデジタル化は進んでいます。ＧＰＳを活用したリアルタイム運行情報の提供や、運行状況の分析による効率的な運行計画の立案など、デジタル技術の導入により、バスの運行管理の信頼性が大きく向上します。遅延やトラブルが発生した際の対応も迅速化され、利用者に安心してバスを利用してもらえることにつながります。

また、バスの時刻表や運行状況をリアルタイムで確認できるアプリや、予約や支払いが可能なアプリなど、利用者にとって便利な機能が提供されています。デジタル技術の活用により、バスの利便性が向上して公共交通の利用者増加につながることが期待されます。

デジタル技術を活用した運賃収受方法も多様化してきています。ＩＣカードやＱＲコードを利用した非接触型の運賃支払いが普及し、現金による支払いの手間が軽減されました。運賃収受の効率化によって、運転者の業務負担軽減が図られるだけでなく、新型コロナウイルスなどの感染予防対策にも貢献しています。

デジタル化は、労働環境の改善にもつながっています。運転者のシフト管理が容易になり、労働時間の適正化など労働条件の改善が図られています。また、働きやすい環境の整備は、運転者不足の問題解決にもつながることが期待されています。

時刻表や路線図が電子化されたスマートバス停

（出典：株式会社ＹＥデジタル）

時刻表や路線図は営業所からのデータ入力で瞬時に変更され、切り替え作業が大幅に軽減されます。運休や遅れなど緊急時の案内も速やかに対応が可能です。

バス業界は、今後もデジタル技術の活用を通じて、効率化やサービスの質の向上、働き方の改善など、多岐にわたる課題に取り組んでいく必要があります。

(6) キャッシュレス化の加速を

近年のスマートフォンの普及に伴い、バス運賃の支払い方法も変化してきています。従来のＩＣカードに並ぶ新しい料金決済方式として、ＱＲコード決済などアプリを利用した決済が注目されています。ＱＲコードを読み取ることで運賃を支払う方式は、ＩＣカードと同様に世界的にも導入が進んでいます。

地方の鉄道やバスで、Ｓｕｉｃａなどの10カードは使えないのかという話がよく聞かれます。しかし10カード導入には、毎年の手数料、つまりランニングコストが高く、地方の鉄道やバスの利益が消えてしまうという問題があります。それよりは、スマートフォンのＱＲコードで乗り降りできる仕組みを新たにつくる方が、特に地方の場合は現実的と考えられます。

いずれにしても、日本の公共交通は外国に比べて、まだ現金主義です。運賃箱や券売機の投資やメンテナンスなど、現金を扱うこと自体がバス会社にとって、さらには運転者や営業所にとっても大きな負担となっています。しかも、新紙幣・新貨幣が出るたびに大きな設備投資も強いられます。公共交通においても、無

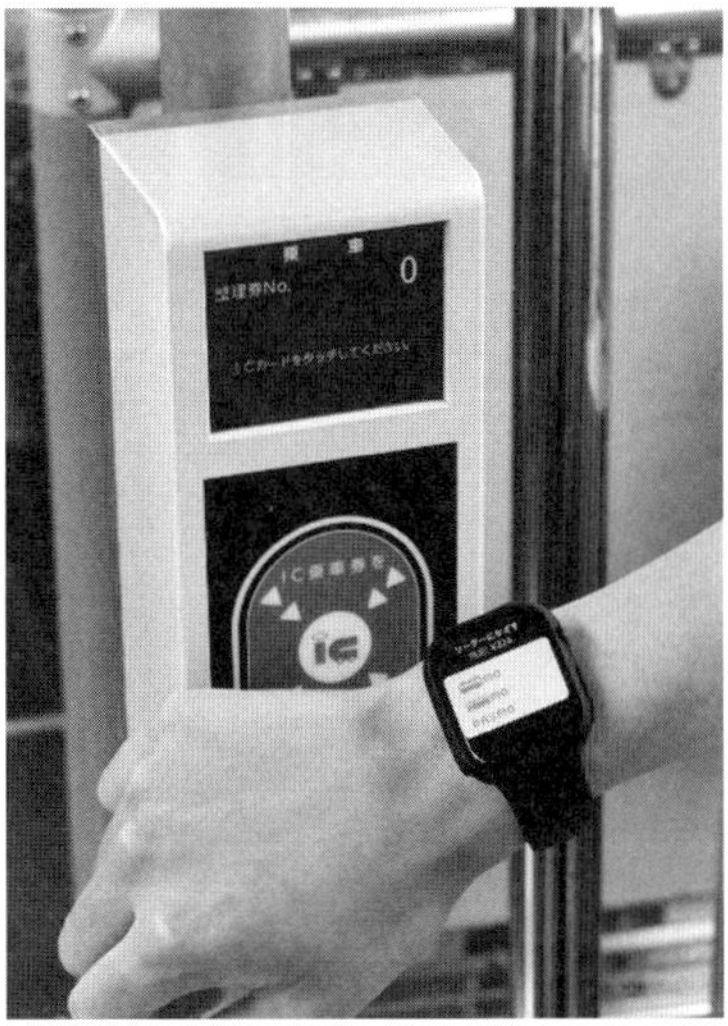

多様化するキャッシュレス決済
（出典：神奈川中央交通株式会社）

デジタル乗車券に対応したアプリ
（出典：株式会社伊予鉄グループ）

駄を省くことで働き方改革を行っていく必要があります。

今後はさらに、顔認証による決済も進んでいくでしょう。全国全ての公共交通においても、国を挙げて早期に完全なキャッシュレス時代を実現していく必要があります。そのためには、スマートフォンのＱＲコードが救世主となり得ます。そしてその先に、ＭａａＳという便利な世界が待っています。

（7）ＭａａＳへの期待

ＭａａＳは、スマートフォンなどを通じてさまざまな交通手段を統合し、利用者に最適な移動方法を提案し、同時に決済まで完了するサービスです。公共交通機関や自転車、徒歩などの移動手段を一元的に管理し、必要に応じて組み合わせることで、効率的で快適な移動を実現できます。

ＭａａＳが大幅に普及すれば、バス業界としても対応が求められてきます。大きな変化や新たなビジネスモデルも生まれるでしょう。決済システムや、バスの運行情報をリアルタイムで共有し、最適な乗り換えサービスを提供することも可能となります。

今後の取り組みが、持続可能な公共交通の実現に向けた大きな一歩となると考えます。その大前提として、国を挙げて公共交通における全国的なキャッシュレス時代を実現していく必要があるのです。

熊本県バス事業の今後に向けて

一般社団法人　熊本県バス協会
前会長　中　島　敬　髙

日本のバス事業は、１９０３（明治36）年に京都で始まり、本年９月20日で１２０年を迎えますが、熊本に乗合自動車が走ったのは京都のおよそ10年後の１９１３（大正２）年５月、植木―大津間が初めてだったという記録があります。

公共交通機関としてのバス事業が大きく発展したのは昭和の時代に入ってからで、特に高度成長期に合わせるようにピークの１９６９（昭和44）年を迎えます。

当時の熊本県の輸送人員は約１億２０００万人でしたが、モータリゼーションの波が徐々に押し寄せ、コロナ禍前の２０１９（令和元）年は約２８７０万人（ピーク時の24％）、コロナ感染拡大中の２０２０（令和２）年には約１９８０万人まで減少し、ピーク時の16％まで落ち込んでしまいました。

一方、２０１６（平成28）年には熊本地震が発生し、これをきっかけに一段と乗務員不足が加速化しています。

このような時代背景の下、２０２０（令和２）年３月、県内バス事業者は独占禁止法特例法のスキームを活用して「熊本地域乗合バス事業共同経営計画」を策定し、２０２１（令和３）年３月に全国で初めて認可を受けました。

その後、複数事業間での路線・ダイヤ等のサービス調整、共通定期券等を実施してきています。

今後はさらに、時代・実態に即したバスの役割を踏まえた上で、バス事業者間の共有化検討、利用者の利便性向上に努め、コロナ後を見据えた観光立県熊本としての貸切バス事業の復権も合わせ、あるべきバス事業を検討してまいりたいと思っています。

（熊本電気鉄道株式会社　代表取締役社長）

共同経営準備室開設に向けて（2020.1.27）

（出典：熊本地域路線バス共同経営推進室）

日本初の女性バスガイド

一般社団法人　大分県バス協会
会長　高　寄　和　弘

バス事業120周年記念書籍の発刊に当たり、ご挨拶申し上げます。

さて、大分県は九州の北東部に位置しており、古くから南蛮貿易が盛んに行われるなど、国際色豊かな都市として繁栄しています。また、大分県は温泉が有名であり、源泉数・湧出量も日本一で、全国的に有名な別府温泉や湯布院温泉をはじめとした温泉地が多数あり、「おんせん県」とも呼ばれています。

この別府温泉を一躍有名にしたのが「油屋　熊八」という人物です。

別府温泉が有名ではなかった頃に数々のアイデアで観光開発に尽力し、日本でも有数の温泉地に押し上げた方であり、別府観光の父と呼ばれています。

さらに、この方は1911（明治44）年に亀の井旅館（現在の亀の井ホテル別府店）を創業、また1928（昭和3）年には亀の井自動車（現在の亀の井バス）を設立して、日本ではじめて女性のバスガイドさんが案内する「温泉地獄めぐり」の観光バスを運行しました。特に、当時では珍しい洋服スタイルのバスガイドさんが、名所をすべて七五調で案内し、たちまち大評判となって別府に観光客が押し寄せるようになりました。現在でも、地獄めぐりコースではバスガイドが七五調の案内をしておりますので、機会があれば是非、別府の温泉に遊びに来ていただければと思います。

結びになりますが、大分県バス協会員は現在21会員で大分県内の県民の足として、また観光の重要な乗り物として、

「安全・安心」を基本として運行して参りますので、引き続き温かいご支援とご協力をお願いしまして、バス事業120周年のご挨拶といたします。

（大分バス株式会社　代表取締役社長）

日本で初めての女性バスガイドと油屋熊八

（写真提供：平野資料館）

故郷のバス

一般社団法人　宮崎県バス協会
会長　髙橋光治

宮崎には青いバスが似合います。青い空、青い海、この美しい宮崎の景観をバスの色で壊してはならないという思いで、現在のデザインができたそうです。そのため子供のころから、バスはまるで空気や水のように風景の一部となり、生活の中に当たり前にあるものと思い込んで生きてきました。

子供のころ、青い路線バスは県内をくまなく走っていましたし、修学旅行で、県外を青い貸切バスで走った時は誇らしい気持ちがしたものです。その修学旅行ではバスガイドさんにちょっぴり恋心を抱いたりして、バスを通して青春の美しい思い出を持ち帰りました。

高校卒業の年、路線バスを使ってクラスのみんなで近くの尾鈴山へハイキングに出かけたことがありました。帰りのバスの中、運転者さんの声かけで『高校3年生』と「校歌」の大合唱となったことは、懐かしく忘れられない美しい思い出です。

高校を卒業して県外へ進学、あるいは就職して、宮崎に帰省した時、故郷の青いバスを見た瞬間に「ああ、宮崎に戻ってきた」という実感がよみがえり、涙した人の話は今もよく聞きます。宮崎県人共通の感情ではないでしょうか。この文章を書きながら、筆者の目頭も熱くなってきました。

バスでの美しい体験をもとに、美しい心が育まれ、美しい郷土・美しい日本がこれからも作られていく。心と体に染みついた故郷のバスを絶やしてはならない。

(宮崎交通株式会社　代表取締役社長)

堀切峠を走る通称「青バス」（1970 年代、宮崎市）

（出典：宮崎交通株式会社）

生駒高原を走る特急バス（1980 年代、小林市）

（出典：宮崎交通株式会社）

日本のバス120年にあたって

公益社団法人　鹿児島県バス協会

日本のバスは先人たちの大変なご尽力により、明治、大正、そして昭和と戦後の経済復興による激動の苦難を乗り越え、経済成長の著しい時代の発展にスピードを合わせるように事業形態を変えながら、少子高齢化が顕著となる平成、令和の今日まで走り続けて120年を迎えます。

その中で直近の新型コロナウイルス感染症の拡大は観光関係をはじめとする旅客輸送などのほとんどの交通機関に大きなダメージを与え、経営危機に追い込まれる事態ともなりました。国からの事業継承支援等の対策で救われたのは確かですが、それ以上に損失の度合いが増し、わずかな内部留保や借入金で何とか耐え忍んだ3年でした。

2023（令和5）年の鹿児島県においては、全国高等学校総合文化祭、燃ゆる感動かごしま国体・大会の開催や修学旅行等の需要回復とともに、鹿児島港へのクルーズ船寄港予定が横浜港に次ぐ全国2位の99回となるなど、アフターコロナで反転攻勢の年となるよう期待するところですが、バス事業の将来性を憂う離職者の続出で全国的に人員不足が深刻化し、最近の需要回復に対応出来ない現状にあります。

バス事業の存続には、社会的インフラの重要性をご理解いただき、長年手つかずとなっている路線バスの運賃値上げと、改定後9年となる貸切バス新運賃制度の見直し等により事業基盤を安定させ、従業員の待遇改善を図ることで、明るい将来への仕組みを創作することが重要と考えます。

これから先もバスと一緒に歩み続けていける世の中であるよう、バス協会加盟各社で切磋琢磨していきたいものです。

鹿児島中央駅東口バスロータリー

（出典：公益社団法人鹿児島県バス協会）

マリンポートかごしまのクルーズ船

（出典：公益社団法人鹿児島県バス協会）

日本のバス１２０年にあたって（沖縄県のバスの歴史）

一般社団法人　沖縄県バス協会

沖縄県のバス事業は、１９１７（大正６）年の沖縄自動車の設立に始まり、県民の足として発展を続けましたが、沖縄戦によりほぼ壊滅。戦後直後の公営バスが１９５０（昭和25）年に民営へ移管。沖縄本島では多くのバス会社が設立され、１９５１（昭和26）年には14社まで増えましたが、合併を経て１９７４（昭和49）年には4社に集約されました。

沖縄県のバスの歴史の中で特筆すべきは、１９７２（昭和47）年の本土復帰と１９７８（昭和53）年の交通方法変更が挙げられます。

１９７２（昭和47）年の本土復帰では、通貨が米ドルから日本円へ切り替わり、バス運賃も、琉球政府認可のドル運賃から、運輸省（当時）認可の日本円運賃へ、為替レートなどの幾多の問題を乗り越えて、５月15日の復帰日初日から円運賃が適用され、那覇市内では均一運賃８セントが25円（１ドル３０５円計算）に改定されました。通貨変更に伴い硬貨と紙幣のすべてが切り替えられたため運賃箱を全て入れ替えるなど多くの困難がありました。

その６年後の１９７８（昭和53）年には、右側通行から左側通行への交通方法変更（こちらでは通称「７３０（ななさんまる）」と呼んでいます）が実施されました。世界的にも類を見ない大規模な交通方法変更で、バス事業者は7月29日最終便の終了から、翌7月30日始発便の出発までの一晩わずか数時間で、すべての車両の入れ替えと、上下線のバス停の位置変更を行いました。県全体の交通方法変更で多くの混乱がありましたが、無事変更することができました。

沖縄県のバスは、時代の荒波と多くの苦難を乗り越え、今日まで営業を続けてきました。昨今もコロナ禍の影響をはじめ、燃料高騰や運転者不足など、更なる問題が山積していますが、会員事業者が協力し、時に切磋琢磨して、未来へ向かって歩み続けていきたいと思っております。

昭和 53 年 7 月 29 日（交通方法変更前の国際通り）

（出典：「沖縄バス株式会社 60 周年記念誌」）

翌 7 月 30 日（変更後の国際通り）

（出典：「沖縄バス株式会社 60 周年記念誌」）

第9章　バスが日本の未来を明るくする

第9章　バスが日本の未来を明るくする

(1) 公共交通とは何か

3年間のコロナ禍を経験して、いま改めて公共交通とは何なのかを考えさせられます。バスは元々厳しい状況でしたが、新型コロナウイルス感染症が追い打ちをかけました。人流抑制という名の下で、人の動きが止まりました。コロナ禍の2年間での全国路線バスの赤字は約4000億円にものぼり、これを返すのに10年、20年かかります。さまざまな業界が苦しんだとは言え、飲食店には5兆円もの協力金が出されました。一方で公共交通には必ずしも十分な支援はありませんでした。飲食店はシャッターを閉めても協力金をもらえますが、路線バスはお客さまがゼロでも休むこともできず協力金も無い。公共交通はコロナ禍で本当に追い込まれました。

公共の交通とは何なのでしょうか。ほとんどのバス会社は民間の株式会社です。毎年の赤字黒字の世界で事業を行い、赤字の場合は当然黒字を増やすことが目標になります。多くの交通事業者はさまざまな関連事業も展開しており、不動産や観光など含めて相乗効果で利益を上げているところも多いと思います。ただし、経営者としては、交通事業が赤字であってもグループ全体で利益を出していればいいじゃないか、という訳にはいかず、それでは株主への説明もできません。地域のために公共交通がなくてはならないのであれば、地域にも応分の負担をしていただかないと、持続可能にはならないでしょう。

海外にも公共交通の考え方はいろいろありますが、例えば欧州などは公共が全面的に前に出て公共交通を担っています。しかし、私は民間で公共交通を行う「日本型公共交通」の良さがあると信じていますし、その良さを生かしていきたいのです。民間はダイヤを工夫したり、新たなサービスを提供するために投資をしています。つまり、民間がリスクを取りサービス内容を自分で工夫する良さがあるから、日本の公共交通は発展してきたのだと思います。自治体がサービス内容を全部決めてしまう方法もありますが、そうなると委託事業のようになり主体性が失われます。もちろん路線によっては最終的にそうせざるを得ない場合もあるかもしれませんが、私としては、民間の良さをどう突き詰めるかが大事であると考えています。

(2) 公共交通を優先する社会に

バスや路面電車の運行中には、マイカーが無理な右・左折で後方から急に割り込んでくるようなケースがあり、道路上で事故もよく起きています。公共交通の運転者は車内事故にも注意する必要があるため急に止まれないケースも多く、マイカーの割り込み事故をいかに減らすかは、公共交通にとって深刻な問題です。しかし、ぶつけたマイカーの方は点数も引かれず反則金も払わず、あとは保険で修理して終わり、というケースが多いのが現状です。これでは、公共交通とは何なのだろうと思います。

一旦このような事故があると、交通機関はしばらく運行を停止せざるを得ず、お客さまにも迷惑が掛かります。日本の社会として、もっと公共交通が優先される仕組みであるべきと考えます。

（3）全国的なキャッシュレス化の加速を

イギリスや韓国へ行くと、公共交通にはスマートフォンのＱＲコードか、ＩＣカードでのみ乗ることができて、現金では乗れないという場合もあります。それだけキャッシュレス化が進んでいるのです。日本では最近、銀行で小銭を両替するのにも手数料が掛かります。全国の公共交通機関においても、全面的にキャッシュレスにして、現金を扱わなくすべきと思います。現金を扱うということは、バスの運転者も営業所もそれだけ負担が増します。国が旗を振り、バスも電車も公共交通は、全面的にキャッシュレスのみという時代を、一刻も早く実現する必要があると考えています。２０２５（令和７）年の万博会場も全てキャッシュレスとなるようです。国を挙げて、全国全ての公共交通のキャッシュレス化を早期に実現させることでこそ、その先に、ＭａａＳという便利な世界に達することができます。

（４）世界一のバス交通を目指して　〜われわれの挑戦〜

まず、今すぐ行う目標としては、路線バスの赤字と補助金のギャップを解消するため、補助金算定の根拠を地域ブロック平均単価から実勢コストにする、ということを行いたいと考えます。これを元に、国や自治体の補助金を増やしていただくことに全力を傾けます。それによって初めて地域の路線が維持できます。そして、コロナ禍で大きく傷ついた貸切バスを何としても復活させるために、団体旅行への支援を国に求めていきたいと思います。

中長期ビジョンとしては、２０３０（令和12）年までにEVバスを1万台という目標の達成です。全国のＥＶバス導入に２０２３（令和５）年度は１００億円規模の補助金が確保されていますが、これを大きく増やしていただき、カーボンニュートラルを加速していきたいと思います。また、自動運転バスについても実験段階を終えて早期に実用段階に入っていきたい。さらには「空飛ぶバス」についても、夢ではなく現実のものとして考えていきたいと思っています。

本年２０２３（令和５）年9月20日、日本のバスは１２０年を迎えます。原点に立ち返り、バスを夢のある産業にしたい、バスで日本の未来を明るくしていきたいと考えています。今の世の中、若者は運転免許を持たなくなっていると聞きます。私の世代では学生時代に免許を取ってマイカーを買うのが夢でした。それが変わってきています。若者は免許やマイカーの所有には関心を持たなくなってきているようです。環境の面から公共交通を使うライフスタイルを選択する人もいます。若者の方がわれわれよりも一歩先を行っています。

バスで日本の未来を明るくするためには、われわれバス業界も努力し、若者にとって公共交通がおしゃれなもので、使うことはもちろん、そこで働くことが誇らしいと思われるような世界をつくっていかなければなりません。

それがまさに、これからの夢のある日本のバス、公共交通だと考えます。

おわりに

コロナ禍の最中、２０２１（令和３）年6月に、日本バス協会会長に就任しました。人流抑制の名の下で、人の動きが止まってしまい、バスにとっては戦後最大の危機となりました。本当にこれで良いのかと葛藤しながら、バスが世の中に必要であることを訴え続けてまいりました。

お陰さまで日本のバスが１２０年を迎え、２０２３（令和５）年9月、「新交通立国論」を上梓することができました。関係者の皆さまに、心より厚く御礼申し上げます。

われわれの最大の使命は安全であるとの誓いを新たにするとともに、皆さまから喜ばれるバスであることを目指していきます。キャッシュレス化の加速、ＥＶバス、自動運転の普及など、皆さまの期待に応えてまいります。

最後になりますが、巻頭対談を快くお受けいただきました向谷実さま、コラムをお寄せいただいた各都道府県バス協会会長の皆さま、本書の出版にお力添えをいただきました時評社米盛康正社長に心から御礼申し上げます。

日本のバス

120年

参考文献

・日本バス協会『バス事業百年史』（平成20年）

・日本バス協会『日本のバス事業』２００２年度版（平成14年度）、２０１１年度版（平成23年度）、２０１２年度版（平成24年度）、２０１６年度版（平成28年度）、２０２１年度版（令和３年度）、２０２２年度版（令和４年度）

・国立社会保障・人口問題研究所『日本の将来推計人口（令和5年推計）結果の概要』（令和5年）

・国土交通省報道発表資料『熊本地域のバス事業者5社による共同経営が、4月1日から始まります～独占禁止法特例法に基づき、共同経営第1号を認可～』（令和3年3月19日）

・国土交通省報道発表資料『徳島県南部にて、並行するバスと鉄道の連携が本格化します ～ＪＲ切符等で、並行するバス路線の乗車が可能になり、乗車機会拡大～』（令和４年3月18日）

・日本政府観光局（ＪＮＴＯ）『訪日外客統計』（令和２年）

歴代日本バス協会会長

初代　佐藤　栄作（衆議院議員）　１９４８年～１９５１年
2代　伊能繁次郎（衆議院議員）　１９５１年～１９７４年
3代　金丸　信（衆議院議員）　１９７４年～１９９３年
4代　青山　茂（神奈川中央交通）　１９９３年～１９９８年
5代　小佐野政邦（国際興業）　１９９８年～２００１年
6代　松田　皜一（長崎自動車）　２００１年～２００３年
7代　齋藤　寛（神奈川中央交通）　２００３年～２００８年
8代　堀内光一郎（富士急行）　２００８年～２０１２年
9代　髙橋　幹（神奈川中央交通）　２０１２年～２０１５年
10代　上杉　雅彦（神姫バス）　２０１５年～２０１６年
11代　三澤　憲一（神奈川中央交通）　２０１７年～２０２１年
12代　清水　一郎（伊予鉄グループ）　２０２１年～

【著者紹介】

清水　一郎（しみず　いちろう）

1967年11月生まれ。愛媛県松山市出身。東京大学法学部卒、英ケンブリッジ大学大学院修了。1990年運輸省（現国土交通省）入省後、在英日本大使館参事官、観光庁観光戦略課長などを経て退官。2014年伊予鉄道（現 伊予鉄グループ）副社長。2015年から代表取締役社長。
2021年日本バス協会会長。

新交通立国論
バスが日本の未来を明るくする

2023年9月20日　初版発行

著　者　清水　一郎

発行者　米盛康正
発行所　時 評 社
印　刷　報 光 社

〒100-0013　東京都千代田区霞が関3-4-2　商工会館・弁理士会館ビル6階
電話：03(3580)6633　FAX：03(3580)6634　E-MAIL：info@jihyo.co.jp

ISBN 978-4-88339-312-1
乱丁・落丁本はお取替え致します。
Printed in Japan